Grundschulwörterbuch Englisch

Mit Übungen und Lernspielen

W0316865

Bertelsmann
WAHRIG

Autorin: Dr. Annegret Pago
Fachlektorat: Karen Jane Beck

Projektleitung und Redaktion: Dr. Sabine Krome
Gesamtgestaltung Innenseiten: Petra Dorkenwald, München
Illustrationen: Petra Dorkenwald und Isabelle Dinter, München
Satz: Jo Pelle Küker-Bünermann
Reproduktionen Großformat: PixelArt & Composing, München
Herstellung: Astrid Warkus
Einbandgestaltung: INIT, Büro für Gestaltung, Bielefeld

© 2010, wissenmedia GmbH, Gütersloh/München, Geschäftsbereich Verlag
2., aktualisierte Auflage
1. Aufl. 2005
Druck und Bindung: Gorenjski Tisk, Slowenien
Alle Rechte vorbehalten
ISBN: 978-3-577-07586-2

Liebe Schülerin, lieber Schüler,

in deinem Wörterbuch kannst du die deutschen Übersetzungen von mehr als 1000 englischen Wörtern nachschlagen. Die Wörter sind in alphabetischer Reihenfolge angeordnet. Ein farbiges Daumenregister am Seitenrand hilft dir, dich sicher im Alphabet zu bewegen.

Zu fast jedem englischen Stichwort findest du auch ein kleines Bild, das dir helfen soll, dir die Vokabel leichter einzuprägen. Direkt hinter dem englischen Wort steht in eckigen Klammern die Lautschrift: So wird das Wort ausgesprochen. Deine Lehrerin oder dein Lehrer kann es dir vorsprechen. Ein kurzer Satz zeigt dir, wie das englische Wort gebraucht wird.

Auf manchen Seiten tauchen kleine Kästen auf, in denen immer etwas Wissenswertes steht. Du findest dort Wörter zu einem bestimmten Thema (zum Beispiel „Ballspiele“ oder „Strand“) oder interessante Informationen zu wichtigen Festen (zum Beispiel „Halloween“ oder „Thanksgiving“).

Am Anfang deines Wörterbuchs gibt es 35 Bildseiten, auf denen Situationen gezeigt werden, die auch in deinem Leben vorkommen könnten (z.B. Einkaufen, Baden, Anziehen). Im Anschluss findest du die wichtigsten englischen Wörter und Sätze zu dem Thema.

Wenn du wissen möchtest, wie ein deutsches Wort auf Englisch heißt, kannst du leicht im Glossar Deutsch-Englisch nachschauen.

Ganz am Ende des Wörterbuches kannst du in einigen Übungen ausprobieren, wie das Nachschlagen von Wörtern in einem Wörterbuch geht. Die Lösungen am Schluss zeigen dir, ob du alles richtig gemacht hast.

Hier noch einige wichtige Abkürzungen und Zeichen, die in deinem Wörterbuch vorkommen:

Am. Wenn ein Wort nur im amerikanischen Englisch gebraucht wird, dann steht dahinter die Abkürzung Am. (zum Beispiel cookie (Am.) Keks)

Brit. Wird ein Wort nur im britischen Englisch gebraucht, so steht dahinter Brit. (zum Beispiel biscuit (Brit.) Keks).

➔ Ein Pfeil zeigt dir: Schau doch auch mal da nach!

Die wichtigsten Lautschriftzeichen:

Lautschrift-zeichen	Beschreibung	deutsches Beispiel	englisches Beispiel
Lange Vokale			
ɑː	langes a wie in	V**a**ter	f**a**ther
iː	langes i wie in	n**ie**	j**ea**ns, s**ee**
ɔː	langes o wie in	H**o**rn	m**o**rning
ɜː	langes ö wie in	K**ö**rner	b**ir**d
uː	langes u wie in	K**uh**	y**ou**, m**oo**n
Kurze Vokale			
ʌ	kurzes a wie in	M**a**nn	s**u**n
æ	heller ä-Laut	*	c**a**t
e	kurzes e wie in	B**e**tt	p**e**t
ɪ	kurzes i wie in	M**i**tte	h**i**t
ə	schwaches e wie in	bitt**e**	**a**, broth**er**
ɒ	kurzes o wie in	R**o**ck	sh**o**p
ʊ	kurzes u wie in	M**u**tter	l**oo**k, p**u**t

Doppelvokale

aɪ	ai wie in	M**a**in	r**i**de, b**y**e!
aʊ	au wie in	H**au**s	m**ou**se, c**ow**
ɔɪ	oi wie in	h**eu**te	b**oy**
eɪ	äi	*	d**ay**
eə	-er- wie in	K**er**n	ch**air**
əʊ	[ə] mit folgendem kurzen u	*	n**o**, b**oa**t
ʊə	-ur wie in	K**ur**	p**oor**
ɪə	-ier wie in	h**ier**	**ear**

Konsonanten

ŋ	-ng wie in	Ri**ng**	si**ng**
θ	scharf gelispeltes s	*	**th**ing
ð	weich gelispeltes s	*	**th**e, mo**th**er
ʃ	sch wie in	**Sch**ule	**sh**op
tʃ	tsch wie in	**tsch**üss	**ch**ur**ch**
ʒ	g wie in	Eta**g**e	televi**s**ion
dʒ	dsch wie in	**Dsch**ungel	**j**am
z	weiches s wie in	Rei**s**e	**z**oo, the**s**e
s	scharfes s wie in	Me**ss**er	**s**and
w	kurzes u (kein deutsches w)	*	**w**ind
v	v wie in	**V**ase	**v**ery

* Diesen Laut gibt es im Deutschen nicht. Lass dir von deinem Lehrer oder deiner Lehrerin erklären, wie man ihn ausspricht.

Anfangswortschatz mit Bild-Themenseiten

grandparents
grandma
grandad
uncle
aunt
parents
mother
father
brother
baby
sister
pet
children

one green frog
ein grüner Frosch

two black taxis
zwei schwarze Taxis

three yellow chicks
drei gelbe Küken

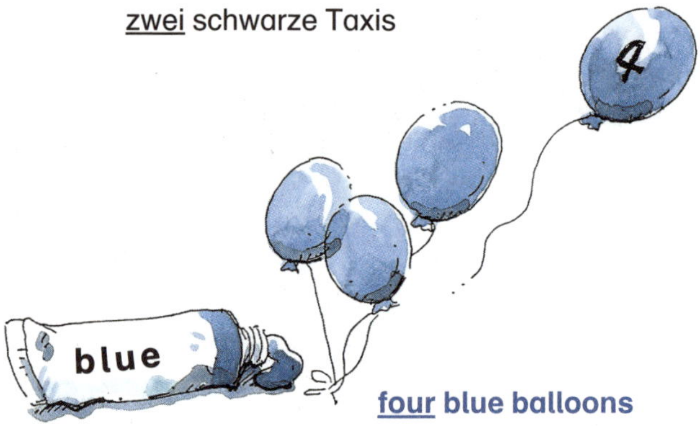

four blue balloons
vier blaue Ballons

five pink flowers
fünf rosa Blumen

six brown bears
sechs braune Bären

seven orange socks
sieben orange Socken

eight red cherries
acht rote Kirschen

nine purple hats
neun lila Hüte

ten white plates
zehn weiße Teller

The cherry is on the cup.
Die Kirsche ist auf der Tasse.

The cherry is in the cup.
Die Kirsche ist in der Tasse.

The cherry is under the cup.
Die Kirsche ist unter der Tasse.

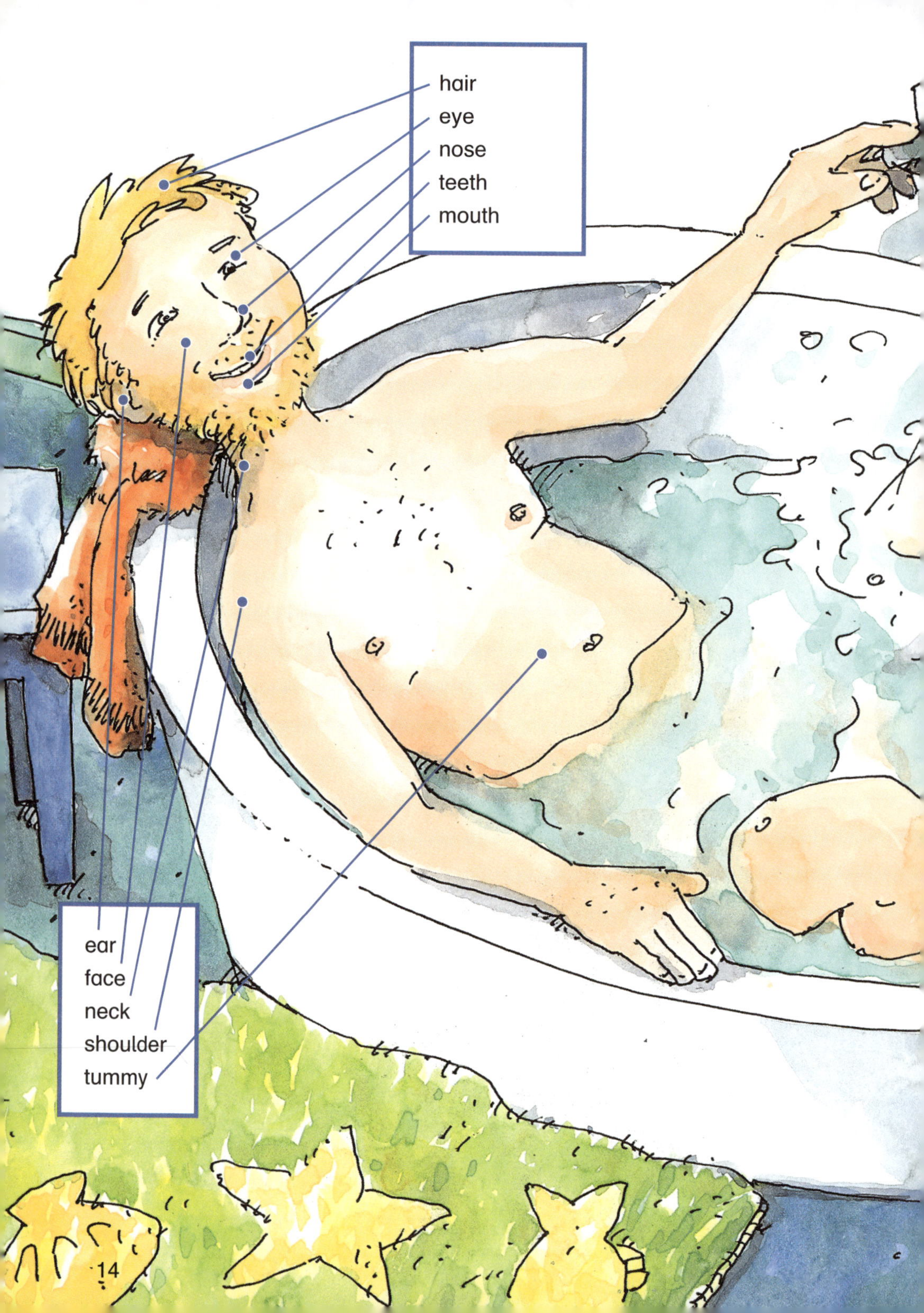
hair
eye
nose
teeth
mouth
ear
face
neck
shoulder
tummy

head
back
arm
hand
finger
knee
bottom
toe
leg
foot

trunks
bathing costume
gloves
skirt
T-shirt
jeans
pyjamas
vest
slip
trainers
jacket

cap
anorak
scarf
dress
socks
wellies
tights
pullover
trousers
shoes
sandals

cat
goat
dog
barn
hay
trailer
goose
farmer
tractor
plough

sheep
lamb
pig
cock
hen
chick
duck
cow
calf
horse

hippo
monkey
rhinoceros
crocodile
zebra
lion
tiger
leopard
bear

giraffe
penguin
elephant
camel
polar bear
snake

toast
cake
bread
ketchup
honey
butter
cheese
jam
bacon
egg
juice
tea

spaghetti
sausages
mineral water
lemonade
chips
chicken
pizza
fish
milk
plate
cup
glass
cornflakes
spoon
fork
knife

vegetables
fruits
pear
apple
banana
carrot
cucumber
SUPERMARKET
TIMES
bubble
newspaper
chewing gum
trolley
bag

MEAT
FISH
Sweets
22.10
meat
fish
chocolate
purse
money
till
shop assistant
toothpaste
cherry
tomato
tin
bottle
potato

book
radio
game
doll
dice
doll's house
doll's pram
car
ball
train

darts
scooter
marbles
teddy bear
roller skates
jigsaw
20 Pieces
cards
skateboard
skipping rope

wardrobe
bedroom
bed
toilet
lamp
armchair
living room
sofa
bathroom
television
kitchen
cupboard
floor
table
chair

roof
stairs
cellar
garden
window
door

snowman
snow
JANUARY

ice skates
ice
FEBRUARY

bird
tree
flower
MAY

ice cream
JUNE

pupils
SEPTEMBER

kite
wind
leaves
OCTOBER

MARCH

APRIL

JULY

AUGUST

NOVEMBER

DECEMBER

roller-skate
climb
eat
drink
listen
ride a bike
play the guitar
throw
seek
catch
FRISBEE

play football
dance
sit
stand
jump
swim
build
hide
write
read
walk
run

bus
house
church
ambulance
fire-engine
crossroads
traffic lights
telephone box
underground
policeman
marketplace
bike

train
station
taxi
roundabout
car park
car
traffic sign
street
motorbike
pavement
lorry

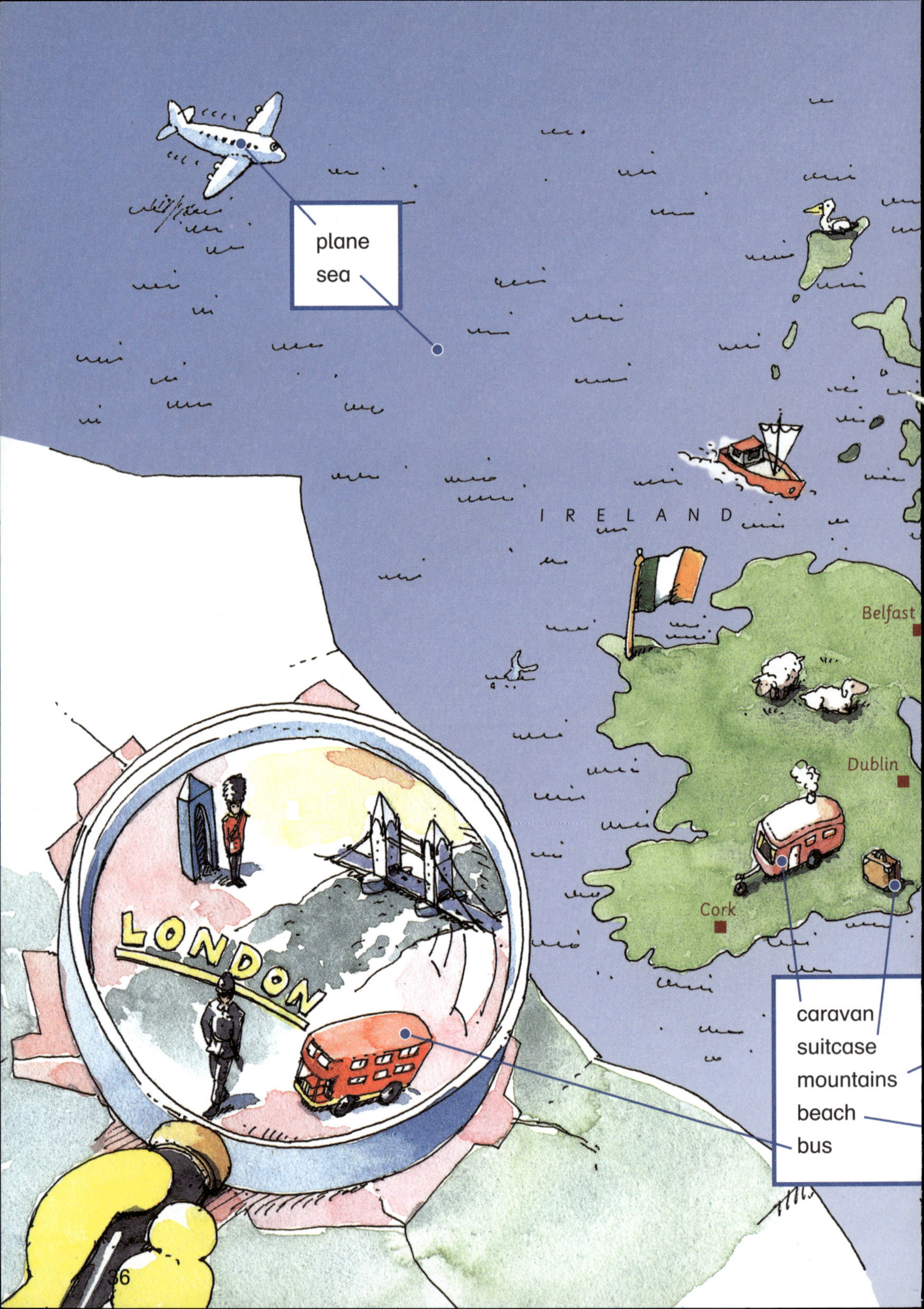
plane
sea
IRELAND
Belfast
Dublin
Cork
LONDON
caravan
suitcase
mountains
beach
bus

boat
castle
tent
Edinburgh
York
Liverpool
Manchester
GREAT BRITAIN
train
hovercraft
Nottingham
Birmingham
Cambridge
Cardiff
Oxford
London
Exeter
Dover
Brighton
nd's End

playground
classroom
chair
paper
desk
timetable
rubber
scissors
ruler
paintbrush
schoolbag

computer
computer
(black)board
teacher
chalk
pupil
exercise book
pencil-case
book
pen
pencil

happy
sad
Bus Stop
laugh
proud
smile
tired
be afraid of

CIRCUS
funny
shy
love
angry
ANNE?
be surprised
hurt
cry

behind

in front of

next to

opposite

between

off

on

under

up

down

through

to the left

straight

to the right

into

in

above

low – high

sweet – sour

slow – fast

noisy – quiet

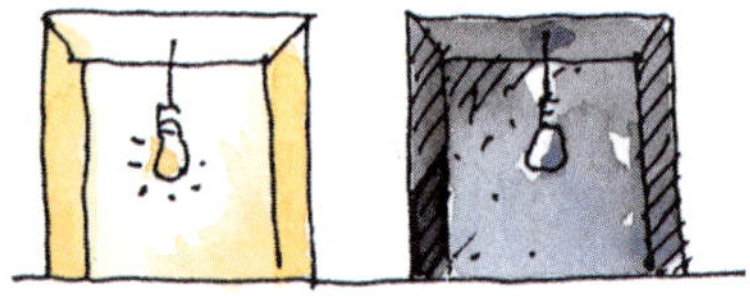

bright – dark

clean – dirty

cold – hot

soft – hard

small – big

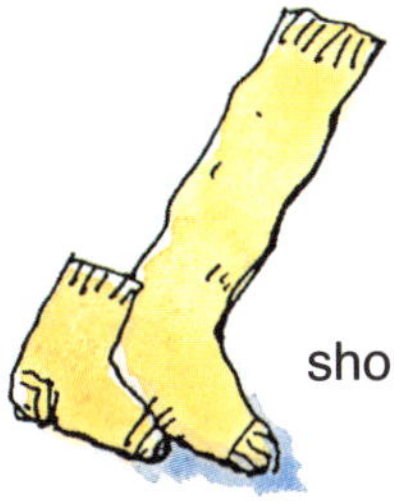
short – long

new – old

thin – fat

light – heavy

tall – short

young – old

full – empty

wet – dry

Erste Sätze und Wendungen

My family

11

This is my family.	Das ist meine Familie.
I've got two brothers.	Ich habe zwei Brüder.
What about you?	Und du?
Have you got any brothers or sisters?	Hast du Geschwister?
No, I haven't.	Nein, habe ich nicht.
Yes, I've got a sister.	Ja, ich habe eine Schwester.
What's your name?	Wie heißt du?
My name is Sarah.	Ich heiße Sarah.
I'm John.	Ich heiße John.
Who's that?	Wer ist das?
That's my grandfather.	Das ist mein Großvater.
What's his name?	Wie heißt er?
His name is John.	Er heißt John.
How old is he?	Wie alt ist er?
He's seventy.	Er ist siebzig.

Colours and numbers

12–13

What colour is the star?	Welche Farbe hat der Stern?
It's yellow.	Er ist gelb.
What's your favourite colour?	Was ist deine Lieblingsfarbe?
It's red.	Rot.
The frog is green.	Der Frosch ist grün.
My socks are orange.	Meine Socken sind orange.
How many cherries have you got?	Wie viele Kirschen hast du?
I've got two cherries.	Ich habe zwei Kirschen.
How old are you?	Wie alt bist du?
I'm nine.	Ich bin neun.

My body

14–15

Ow, that's my foot!	Autsch, das ist mein Fuß!
You've got long arms.	Du hast lange Arme.
I've got brown hair.	Ich habe braune Haare.

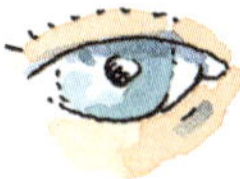

I've got blue eyes.
Touch your nose.
Show me your left ear.
My tummy hurts.

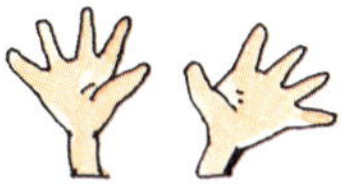

Clap your hands.
Put your hands up.
Stamp your feet.

Ich habe blaue Augen.
Berühr deine Nase.
Zeig mir dein linkes Ohr.
Mein Bauch tut weh.

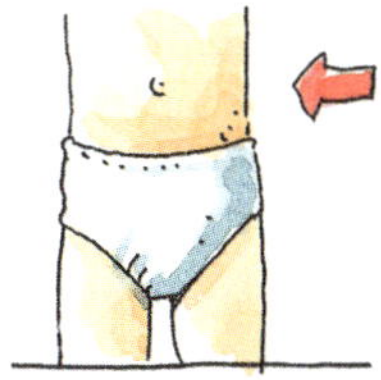

Klatscht in die Hände.
Hebt die Hände.
Stampft mit den Füßen.

My clothes

16–17

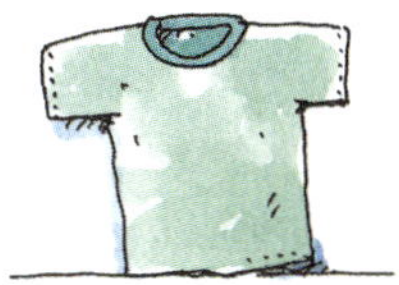

What are you wearing?
I'm wearing a dress.
This is a T-shirt.
I've got a new skirt.

My socks are yellow.
Is Peter wearing jeans?
Yes, he is.
No, he isn't.
I'm putting my shoes on.
I'm taking my anorak off.
What do you need in winter?
In winter I need a scarf.

What do you need in summer?
In summer I need a bathing suit.

Was hast du an?
Ich trage ein Kleid.
Das ist ein T-Shirt.
Ich habe einen neuen Rock.
Meine Socken sind gelb.
Trägt Peter Jeans?

Ja.
Nein.
Ich ziehe meine Schuhe an.
Ich ziehe meinen Anorak aus.
Was brauchst du im Winter?
Im Winter brauche ich einen Schal.
Was brauchst du im Sommer?

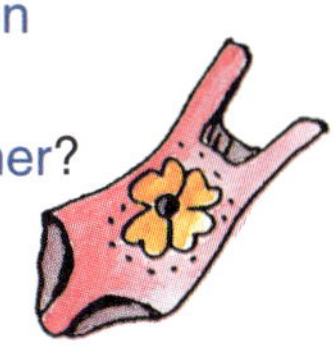

Im Sommer brauche ich einen Badeanzug.

At the farm/At the zoo

18–21

What's that over there?
It's a giraffe.
It's brown and yellow.
It has a long neck.

There's a crocodile.
How many chicks can you see?

Was ist das da drüben?
Das ist eine Giraffe.
Sie ist braun und gelb.
Sie hat einen langen Hals.
Da ist ein Krokodil.
Wie viele Küken kannst du sehen?

There are monkeys.
Do you like cows?
Yes, I do.
No, I don't.
I've got a cat.
Have you got a pet?
No, I haven't.
Yes, I've got a dog.

Da sind Affen.
Magst du Kühe?
Ja, mag ich.
Nein, mag ich nicht.
Ich habe eine Katze.
Hast du ein Haustier?
Nein, ich habe keines.
Ja, ich habe einen Hund.

Food and drink

22–23

What do you like to eat?
What do you like to drink?
I like bananas.
I don't like milk.
Do you like chicken?
Yes, I do.
No, I don't.
I hate fish.
My favourite food is pizza.
My favourite drink is orange juice.
I'm hungry.
I'm thirsty.
We have breakfast at 7 o'clock.
I'm eating a sandwich.
Let's make a cake.

Can I have a spoon, please?

Here you are.
Thank you.
Pass me the butter, please.

Was isst du gern?
Was trinkst du gern?
Ich mag Bananen.
Ich mag keine Milch.
Magst du Hühnchen?

Ja, mag ich.
Nein, mag ich nicht.
Ich hasse Fisch.
Mein Lieblingsessen ist Pizza.
Mein Lieblingsgetränk ist Orangensaft.
Ich habe Hunger.
Ich habe Durst.
Wir frühstücken um 7 Uhr.
Ich esse ein Sandwich.
Lass uns einen Kuchen machen.
Kann ich bitte einen Löffel haben?
Bitte sehr.
Danke schön.
Reich mir bitte die Butter.

Shopping

Can I help you?
Five apples, please.
Have you got any potatoes?
Sorry, we haven't got any potatoes.
I'd like a pound of carrots, please.

Here you are.
Thank you.
Anything else?
No, thank you. That's all.
How much is it?
It's five pounds and fifty pence.

What is she buying?

24–25

Kann ich Ihnen/dir helfen?
Fünf Äpfel, bitte.
Haben Sie Kartoffeln?
Tut mir leid, wir haben keine Kartoffeln.
Ich hätte gern ein Pfund Karotten.

Bitte sehr.
Danke.
Noch etwas?
Nein, danke. Das ist alles.
Wie viel macht das?
Das macht fünf Pfund und fünfzig Pence.
Was kauft sie?

My toys

This is a scooter.
Mike has got a train.
Have you got inline skates?
Let's play a game.
Can you play chess?
Yes, I can.
No, I can't.

It's your turn.
Who's next?
Peter has won.

26–27

Das ist ein Roller.
Mike hat einen Zug.
Hast du Inlineskates?
Lasst uns ein Spiel spielen.
Kannst du Schach spielen?
Ja, kann ich.
Nein, kann ich nicht.
Du bist dran.
Wer ist der Nächste?
Peter hat gewonnen.

My house

This is my house.
I live in a flat.
We've got four rooms.
Have you got a garden?
Where is the bathroom?

28–29

Das ist mein Haus.
Ich wohne in einer Wohnung.
Wir haben vier Zimmer.
Habt ihr einen Garten?
Wo ist das Badezimmer?

The bathroom is upstairs.
The kitchen is downstairs.
We've got a new sofa.
Where does the chair go?
In the living room.

Das Badezimmer ist oben.
Die Küche ist unten.
Wir haben ein neues Sofa.
Wohin gehört der Stuhl?
Ins Wohnzimmer.

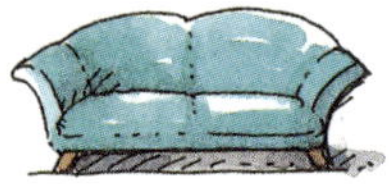

The year

What's the weather like today?
Today it's windy.
It's raining.
It's cold.
The sun is shining.
The weather is fine.
The flowers are in bloom.
The leaves are falling.
I'm going swimming.
I'm flying a kite.
I'm building a snowman.
I'm ice-skating.
When's your birthday?
In July.
Merry Christmas!
Happy Easter!
Happy New Year!
Happy birthday!

30–31

Wie ist das Wetter heute?
Heute ist es windig.
Es regnet.
Es ist kalt.
Die Sonne scheint.
Das Wetter ist schön.
Die Blumen blühen.
Die Blätter fallen.
Ich gehe schwimmen.
Ich lasse einen Drachen steigen.
Ich baue einen Schneemann.
Ich laufe Schlittschuh.
Wann hast du Geburtstag?
Im Juli.
Fröhliche Weihnachten!
Frohe Ostern!
Frohes neues Jahr!
Herzlichen Glückwunsch!

Activities and hobbies

What are the children doing?
The boy is riding a bike.
The girl is playing frisbee.
What's your hobby?
My hobby is swimming.
I play tennis.
I can play the guitar.
I can't swim.
Do you like football?

32–33

Was machen die Kinder?
Der Junge fährt Fahrrad.
Das Mädchen spielt Frisbee.
Was ist dein Hobby?
Mein Hobby ist Schwimmen.
Ich spiele Tennis.
Ich kann Gitarre spielen.
Ich kann nicht schwimmen.
Magst du Fußball?

Yes, I do.
No, I don't.
I like reading.
I don't like horse-riding.
He likes playing football.

Ja, mag ich.
Nein, mag ich nicht.
Ich lese gern.
Ich reite nicht gern.
Er spielt gerne Fußball.

In town/On holiday

34–37

I'm on holiday.
What are you doing for the holidays?
We want to go to Italy.
We're travelling by train.
What's that?
That's a castle.
Show me Tower Bridge.
Where are you from?
I'm from Germany.
And you?
I'd like to see the palace.
Where is the market-place, please?
Turn left/right.
Where does the bus go?
The bus goes to the station.

Ich bin im Urlaub.
Was machst du in den Ferien?
Wir wollen nach Italien fahren.
Wir reisen mit dem Zug.
Was ist das?
Das ist eine Burg.
Zeig mir die Tower Bridge.
Woher kommst du?
Ich komme aus Deutschland.
Und du?
Ich möchte gern den Palast sehen.
Wo ist der Marktplatz, bitte?
Geh nach links/rechts.
Wohin fährt der Bus?
Der Bus fährt zum Bahnhof.

At school

Hello.
Good morning.
Good afternoon.
My name is Mr Brown.
What's your name?
I'm Lisa.
Open your books at page … .
Listen, please.

38–39

Hallo.
Guten Morgen.
Guten Tag (am Nachmittag).
Mein Name ist Herr Brown.
Wie heißt du?
Ich bin Lisa.
Schlagt die Bücher auf auf Seite … .
Hört bitte zu.

Come to the board, please.
Go back to your seat.
Sit down.
Quiet, please.
Is this your pencil?
Can I have your ruler?
Let's sing a song.
Goodbye.
Bye-bye.

Feelings

How are you?
I'm fine, thanks.
I'm happy today.
What's the matter?
Are you sad?
Yes, I am.
No, I'm not.
I'm afraid of the dog.

Where?

Where is the girl?
The girl is behind the tree.

She is in front of the tree.
She is next to the tree.
Papiti is opposite Tim.
The boy is between the swings.

Papiti is jumping off the tree.
Papiti is lying on the table.
He is sleeping under the table.
Papiti is up and Jill is down.
Papiti is crawling
through the gate.
Where are you going?

Komm bitte zur Tafel.
Geh zurück zu deinem Platz.
Setzt euch.
Ruhe, bitte.
Ist das dein Bleistift?
Kann ich dein Lineal haben?
Lasst uns ein Lied singen.
Auf Wiedersehen.
Tschüss.

40–41

Wie geht's?
Danke, gut.
Ich bin heute glücklich.
Was ist los?
Bist du traurig?
Ja, bin ich.
Nein, bin ich nicht.
Ich habe Angst vor dem Hund.

42–43

Wo ist das Mädchen?
Das Mädchen ist hinter
dem Baum.
Sie ist vor dem Baum.
Sie ist neben dem Baum.
Papiti steht Tim gegenüber.
Der Junge ist zwischen den
Schaukeln.
Papitit springt vom Baum.
Papitit liegt auf dem Tisch.
Er schläft unter dem Tisch.
Papiti ist oben und Jill unten.
Papiti krabbelt
durch das Tor.
Wohin gehst du?

I'm going to the left/right.
She's going straight on.
Papiti is sitting in a box.
Papiti is jumping into the water.
He's above the bucket.

Ich gehe nach links/rechts.
Sie geht geradeaus.
Papiti sitzt in einer Schachtel.
Papiti springt ins Wasser.
Er ist über dem Eimer.

Opposites

44–45

The ceiling is low/high.
The fruit is sweet/sour.

The motorcycle
is slow/fast.
Her voice is loud/quiet.
The room is bright/dark.
Your hand is dirty/clean.
The soup is hot/cold.
The seat is hard/soft.

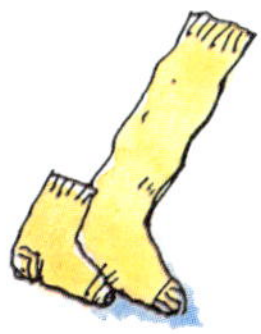

This bag is small/big.
This sock is short/long.
We've got a new/old car.
This dog is thin/fat.
The weight is light/heavy.
My sister is tall/short.
This bottle is full/empty.
This shirt is wet/dry.

Die Decke ist niedrig/hoch.
Die Frucht ist süß/sauer.
Das Motorrad ist langsam/
schnell.
Ihre Stimme ist laut/leise.
Der Raum ist hell/dunkel.
Deine Hand ist schmutzig/sauber.
Die Suppe ist heiß/kalt.
Der Sitz ist hart/weich.

Diese Tasche ist klein/groß.
Diese Socke ist kurz/lang.
Wir haben ein neues/altes Auto.
Dieser Hund ist dünn/dick.
Das Gewicht ist leicht/schwer.

Meine Schwester ist groß/klein.
Diese Flasche ist voll/leer.
Dieses Hemd ist nass/trocken.

A

a [ə] ein, eine
I have a dog.
Ich habe einen Hund.

about [ə'baʊt] über
This book is about knights and dragons.
Dieses Buch ist über Ritter und Drachen.

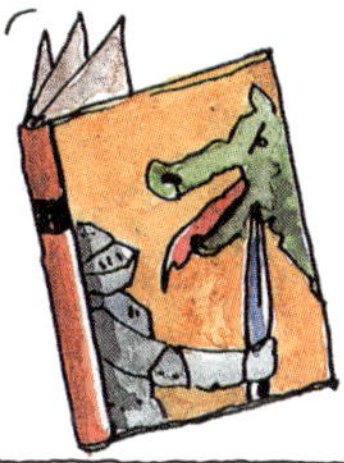

above [ə'bʌv] über, oben
Look, there's a spider above your head.
Guck mal, da ist eine Spinne über deinem Kopf.

afraid of [ə'freɪd] Angst haben
Jane is afraid of rats.
Jane hat Angst vor Ratten.

after ['ɑːftə] nach
My grandma sleeps after lunch.
Meine Oma schläft nach dem Mittagessen.

afternoon [ɑːftə'nuːn] Nachmittag
In the afternoon I can play.
Am Nachmittag kann ich spielen.

again [ə'gen] wieder, noch einmal
Say it again, please.
Sag es bitte noch einmal.

airport ['eəpɔːt] Flughafen
Can you tell me the way to the airport?
Kannst du mir den Weg zum Flughafen erklären?

alarm clock [ə'lɑːm klɒk] Wecker
My alarm clock wakes me up every morning.
Mein Wecker weckt mich jeden Morgen.

all [ɔːl] alle, alles
All children can go outside now.
Alle Kinder können jetzt nach draußen gehen.

A B C D E F G H I J K L M N O P Q R S T U V W XY Z

alone [ə'ləʊn] allein
Kevin is alone at home.
Kevin ist allein
zu Hause.

ambulance ['æmbjʊlənts]
Krankenwagen
Look, there's an ambulance!
Guck mal, da ist
ein Krankenwagen.

a lot of [ə 'lɒt əv] viele
John has a lot of toys.
John hat viele
Spielsachen.

America [ə'merɪkə] Amerika
America is a
big country.
Amerika ist
ein großes Land.

already [ɔːl'redi] schon
I have already
done my homework.
Ich habe meine
Hausaufgaben
schon gemacht.

American [ə'merɪkən]
amerikanisch
This is the
American flag.
Das ist die
amerikanische Flagge.

always ['ɔːlwəz] immer
I always go to school by bus.
Ich fahre immer mit dem Bus
zur Schule.

an [ən] ein, eine
Would you like an apple or a
banana?
Möchtest du einen Apfel oder
eine Banane?

a.m. [eɪ 'em] (bei Uhrzeiten)
vormittags, morgens
My train goes at 10 a.m.
Mein Zug fährt um
10 Uhr morgens.

and [ənd] und
I like apples and bananas.
Ich mag Äpfel
und Bananen.

angry ['æŋgri] wütend

My little brother is **angry** because he can't find his teddy.

Mein kleiner Bruder ist wütend, weil er seinen Teddy nicht finden kann.

animal ['ænɪməl] Tier

Many **animals** have four legs.

Viele Tiere haben vier Beine.

another [ə'nʌðə] noch ein

Would you like **another** cup of tea?

Möchten Sie noch eine Tasse Tee?

answer ['ɑːntsə] (be)antworten

Can you **answer** my question?

Kannst du meine Frage beantworten?

any ['eni] irgendein, irgendwelche

Have you got **any** pets?

Hast du irgendwelche Haustiere?

apple ['æpl] Apfel

Can I have an **apple**, please?

Kann ich bitte einen Apfel haben?

April ['eɪprɪl] April

In **April** there's always a lot of rain and wind.

Im April gibt es immer viel Regen und Wind.

are [ɑː] bist, seid, sind

Are you John? – Yes I am.

Bist du John? – Ja (bin ich).

arm [ɑːm] Arm

My **arm** hurts.

Mein Arm tut weh.

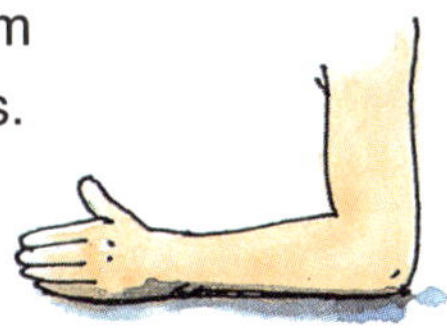

armchair ['ɑːmtʃeə] Sessel

My father is sitting in his **armchair**.

Mein Vater sitzt in seinem Sessel.

A B C D E F G H I J K L M N O P Q R S T U V W XY Z

around [əˈraʊnd] um ... herum
The dog is running around the tree.
Der Hund rennt um den Baum herum.

ask [ɑːsk] fragen
"What is that?" Anne asked.
„Was ist das?" fragte Anne.

at [ət] an, bei, in
Paul is standing at the bus stop.
Paul steht an der Bushaltestelle.

August [ˈɔːgəst] August
In August many farmers cut the grass to make hay.
Im August schneiden viele Bauern Gras, um Heu zu machen.

aunt [ɑːnt] Tante
My mother's sister is my aunt.
Die Schwester meiner Mutter ist meine Tante.

autumn [ˈɔːtəm] Herbst (Brit.)
In autumn the leaves are red.
Im Herbst sind die Blätter rot.

away [əˈweɪ] weg
When the cat's away the mice will play.
(Sprichwort: Wenn die Katze weg ist, spielen die Mäuse.)

B

baby [ˈbeɪbi] Baby
Babies often cry.
Babys schreien oft.

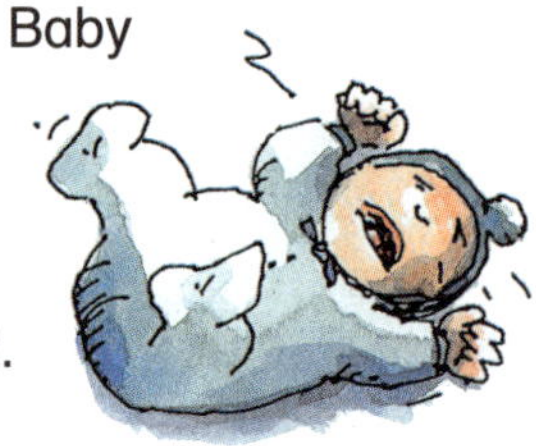

back [bæk] Rücken
My mother always washes my back.
Meine Mutter wäscht mir immer den Rücken.

back [bæk] zurück
My mother will be back at 12 o'clock.
Meine Mutter wird um 12 Uhr zurück sein.

bacon ['beɪkən] Speck
English people often have bacon and eggs for breakfast.
Engländer essen oft Speck und Eier zum Frühstück.

bad [bæd] schlecht
Today the weather is bad.
Heute ist das Wetter schlecht.

bag [bæg] Tasche, Tüte
Take a bag when you go to town.
Nimm eine Tasche mit, wenn du in die Stadt gehst.

ball [bɔːl] Ball
I have a new ball.
Ich habe einen neuen Ball.

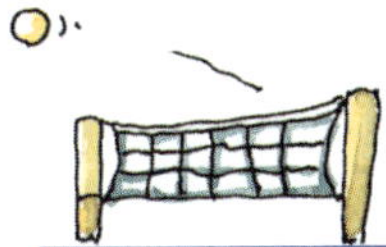

Ball Games – Ballspiele
soccer – Fußball
basketball – Basketball
cricket – Cricket
volleyball – Volleyball
rugby – Rugby
baseball – Baseball
tennis – Tennis
table-tennis – Tischtennis

banana [bə'nɑːnə] Banane
Monkeys love bananas.
Affen lieben Bananen.

bar of chocolate [bɑːr əv 'tʃɒkələt] Tafel Schokolade
Can you buy me a bar of chocolate?
Kannst du mir eine Tafel Schokolade kaufen?

A B C D E F G H I J K L M N O P Q R S T U V W XY Z

A B C D E F G H I J K L M N O P Q R S T U V W XY Z

barn [baːn] Scheune
The hay is in the barn.
Das Heu ist in der Scheune.

basket ['baːskɪt] Korb
Mary puts the apples into the basket.
Mary legt die Äpfel in den Korb.

basketball ['baːskɪtbɔːl] Basketball
Let's play basketball this afternoon.
Lasst uns heute Nachmittag Basketball spielen.

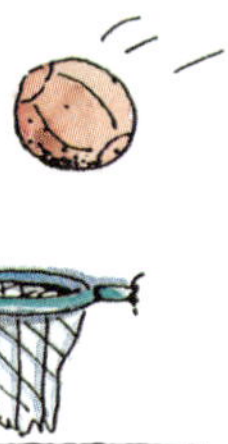

bath [baːθ] Bad
On saturdays I always take a bath.
Samstags nehme ich immer ein Bad.

bathing costume ['beɪðɪŋ kɒstjuːm] Badeanzug (Brit.)
I wear my new bathing costume when I go swimming.
Ich habe meinen neuen Badeanzug an, wenn ich schwimmen gehe.

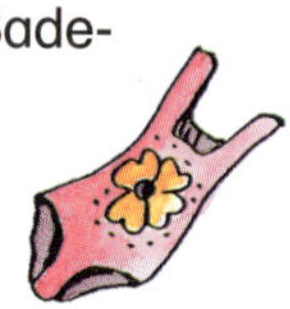

bathroom ['baːθrʊm] Badezimmer
Anne is brushing her teeth in the bathroom.
Anne putzt sich die Zähne im Badezimmer.

be [biː] sein
It´s nice to be at home.
Es ist schön, zu Hause zu sein.

beach [biːtʃ] Strand
Tom and Tim are building sandcastles on the beach.
Tom und Tim bauen Sandburgen am Strand.

On the Beach – Am Strand
- bucket – Eimer
- spade – Schaufel
- shell – Muschel
- sandcastle – Sandburg
- sea – Meer
- boat – Boot
- surfboard – Surfbrett
- (face) mask – Taucherbrille
- snorkel – Schnorchel
- sunglasses – Sonnenbrille

bean [biːn] Bohne
My mother likes to cook beans for dinner.
Meine Mutter kocht gerne Bohnen zum Essen.

bear [beə] Bär
My favourite animals are bears.
Meine Lieblingstiere sind Bären.

because [bɪˈkɒz] weil
Today I can't go to school because I'm ill.
Heute kann ich nicht zur Schule gehen, weil ich krank bin.

become [bɪˈkʌm] werden
I'd like to become a postman.
Ich möchte gerne Postbote werden.

bed [bed] Bett
I'm going to bed now. Good night.
Ich gehe jetzt ins Bett. Gute Nacht.

bedroom [ˈbedrʊm] Schlafzimmer
Our house has two bedrooms.
Unser Haus hat zwei Schlafzimmer.

before [bɪˈfɔː] bevor, vor
You have to wash your hands before you eat.
Du musst dir die Hände waschen, bevor du isst.

begin [bɪ'gɪn] anfangen, beginnen
Spring begins in March.
Der Frühling beginnt im März.

behind [bɪ'haɪnd] hinter
There's a big tree behind our house.
Da steht ein großer Baum hinter unserem Haus.

belt [belt] Gürtel

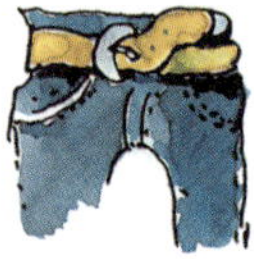

My trousers are too big. I want a belt.
Meine Hose ist zu groß.
Ich will einen Gürtel.

bench [benʃ] Bank
My grandma always sits on the bench in front of our house.
Meine Oma sitzt immer auf der Bank vor unserem Haus.

beside [bɪ'saɪd] neben
There's a tree beside our house.
Da steht ein Baum neben unserem Haus.

between [bɪ'twiːn] zwischen
There's a big tree between our house and your house.
Da steht ein großer Baum zwischen unserem und eurem Haus.

big [bɪg] groß
That hat is too big for you.
Der Hut ist zu groß für dich.

bike, bicycle [baɪk, 'baɪsɪkl] Fahrrad
My little sister can already ride her bike.
Meine kleine Schwester kann schon Fahrrad fahren.

bird [bɜːd] Vogel
In winter many birds fly south.
Im Winter fliegen viele Vögel in den Süden.

birthday ['bɜθdeɪ] Geburtstag
When's your birthday?
– My birthday is in July.
Wann hast du Geburtstag?
– Ich habe im Juli Geburtstag.

Birthday – Geburtstag
birthday party – Geburtstagsfeier
birthday cake – Geburtstagskuchen
candle – Kerze
present – Geschenk
Happy birthday! – Herzlichen Glückwunsch!

biscuit ['bɪskɪt] Keks (Brit.)
Sam always eats biscuits for breakfast.
Sam isst immer Kekse zum Frühstück.

black [blæk] schwarz
I don't like black clothes.
Ich mag keine schwarze Kleidung.

blackboard ['blækbɔːd] Tafel
The teacher is writing something on the blackboard.
Der Lehrer schreibt etwas an die Tafel.

blossom ['blɒsəm] Blüte
In spring many trees get their blossoms.
Im Frühling bekommen viele Bäume Blüten.

blouse [blaʊz] Bluse
Today my mother is wearing a green blouse.
Heute hat meine Mutter eine grüne Bluse an.

blow [bləʊ] blasen, pusten, pfeifen
Listen! The wind is blowing.
Hör nur! Der Wind pfeift.

blue [bluː] blau
The water is very blue.
Das Wasser ist sehr blau.

board [bɔːd] Tafel → blackboard

boat [bəʊt] Boot
Today there are many boats on the lake.
Heute sind viele Boote auf dem See.

body ['bɒdi] Körper
My hands and legs are parts of my body.
Meine Hände und Beine sind Teile von meinem Körper.

book [bʊk] Buch
My father is reading a book.
Mein Vater liest gerade ein Buch.

bookcase ['bʊkkeɪs] Regal
Helen has two bookcases in her room.
Helen hat zwei Regale in ihrem Zimmer.

bottle ['bɒtl] Flasche
My mother always buys milk in bottles.
Meine Mutter kauft Milch immer in Flaschen.

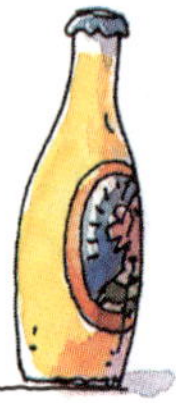

bottom ['bɒtəm] Po
Peter fell on his bottom and cried.
Peter fiel auf den Po und weinte.

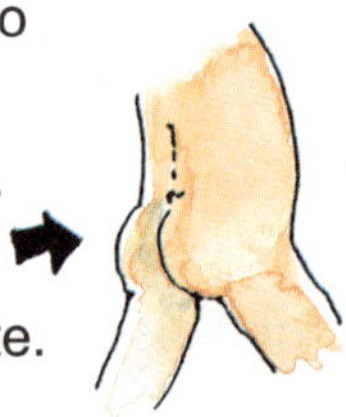

bought [bɔːt] kaufte, gekauft
→ buy
Yesterday we bought a new bike for my sister.
Gestern haben wir ein neues Fahrrad für meine Schwester gekauft.

box [bɒks] Schachtel, Kiste
What is in the box?
Was ist in der Kiste?

boy [bɔɪ] Junge
Many boys like to play with cars.
Viele Jungen spielen gern mit Autos.

boyfriend ['bɔɪfrend] Freund (eines Mädchens)
Have you already got a boyfriend, Susan? – Yes, I have.
Hast du schon einen Freund? – Ja, habe ich.

bread [bred] Brot
Can you pass the bread, please?
Kannst du mir bitte das Brot reichen?

breakfast ['brekfəst] Frühstück
After breakfast I have to go to school.
Nach dem Frühstück muss ich zur Schule gehen.

bridge [brɪdʒ] Brücke
Richard is standing on the bridge and is watching boats.
Richard steht auf der Brücke und beobachtet Boote.

briefs [briːfs] Unterhose (Brit.)
I wear briefs under my trousers.
Ich habe unter meiner Hose eine Unterhose an.

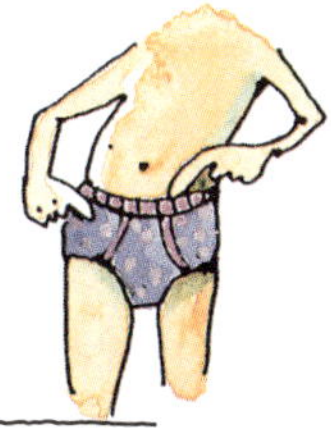

bright [braɪt] hell
This house has many windows. It's very bright in here.
Dieses Haus hat viele Fenster. Es ist sehr hell hier drin.

bring ['brɪŋ] (mit)bringen
Can you bring me something from the shop?
Kannst du mir etwas aus dem Laden mitbringen?

British ['brɪtɪʃ] britisch
This is the British flag.
Das ist die britische Flagge.

broken ['brəʊkən] zerbrochen, kaputt
The glass is broken.
Das Glas ist kaputt.

A B C D E F G H I J K L M N O P Q R S T U V W XY Z

brother ['brʌðə] Bruder

My brother has red hair.
Mein Bruder hat rote Haare.

brought [brɔːt] brachte, gebracht ➔ bring

On my birthday my aunt brought me a nice present.
Meine Tante brachte mir zum Geburtstag ein schönes Geschenk.

brown [braʊn] braun

After the holidays our faces were very brown.
Nach dem Urlaub waren unsere Gesichter sehr braun.

brush [brʌʃ] putzen, bürsten

Paul has to brush his teeth before he goes to bed.
Paul muss sich die Zähne putzen, bevor er ins Bett geht.

bubble ['bʌbl] Blase

Jane can make big bubbles with her chewing gum.
Jane kann mit ihrem Kaugummi große Blasen machen.

bucket ['bʌkɪt] Eimer

Larry takes his bucket to the beach.
Larry nimmt seinen Eimer mit zum Strand.

build [bɪld] bauen

Ben is building sandcastles on the beach.
Ben baut Sandburgen am Strand.

bull [bʊl] Bulle

Dorothy is afraid of bulls.
Dorothy hat Angst vor Bullen.

bus [bʌs] Bus

Karen goes to school by bus.
Karen fährt mit dem Bus zur Schule.

bus stop ['bʌs stɒp]
Bushaltestelle

Karen is waiting for the bus at the bus stop.
Karen wartet an der Bushaltestelle auf den Bus.

but [bʌt] aber, sondern

This man is not my father but my grandfather.
Dieser Mann ist nicht mein Vater, sondern mein Großvater.

butter ['bʌtə] Butter

I'd like more butter on my toast, please.
Ich möchte bitte mehr Butter auf meinen Toast.

butterfly ['bʌtəflaɪ] Schmetterling

Butterflies like flowers.
Schmetterlinge mögen Blumen.

buy [baɪ] kaufen

Every morning we buy rolls for our breakfast.
Jeden Morgen kaufen wir Brötchen für unser Frühstück.

by [baɪ] von, durch, mit

Let's walk to town. – No, let's go by bus.
Lasst uns in die Stadt gehen. – Nein, lasst uns mit dem Bus fahren.

bye!, bye-bye! [baɪ, baɪ'baɪ]
tschüss, auf Wiedersehen

I have to go now. Bye-bye!
Ich muss jetzt gehen. Tschüss!

C

cake [keɪk] Kuchen
My mother makes good cakes.
Meine Mutter macht gute Kuchen.

calf [kaːf] Kalb, Kälbchen
Our cow had a little calf last night.
Unsere Kuh hat heute Nacht ein kleines Kälbchen bekommen.

came [keɪm] kam
→ come
Aunt Jill came to see our new baby.
Tante Jill kam, um unser neues Baby zu sehen.

camel ['kæməl] Kamel
There's a new camel in the zoo.
Im Zoo gibt es ein neues Kamel.

campsite ['kæmpsaɪt] Campingplatz
There's a nice campsite at the lake.
Es gibt einen schönen Campingplatz am See.

can [kæn] können
Can I have your pencil, please? – Sorry, but you can't.
Kann ich deinen Bleistift haben? – Leider nein.

canary [kə'neəri] Kanarienvogel
My canary is not orange but yellow.
Mein Kanarienvogel ist nicht orange, sondern gelb.

candle ['kændl] Kerze
I have six candles on my birthday cake.
Ich habe sechs Kerzen auf meinem Geburtstagskuchen.

cap [kæp] Kappe
In summer Tim wears his cap.
Im Sommer trägt Tim seine Kappe.

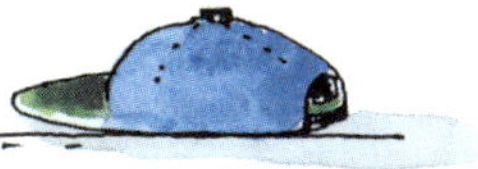

car [kaː] Auto
Yesterday we got a new car.
Gestern haben wir ein neues Auto bekommen.

caravan ['kærəvæn] Wohnwagen
On holiday we always sleep in our caravan.
Im Urlaub schlafen wir immer in unserem Wohnwagen.

cards [kaːdz] Karten
Do you like to play cards with me?
Möchtest du mit mir Karten spielen?

carrot ['kærət] Karotte
Rabbits eat carrots.
Kaninchen fressen Karotten.

carry ['kæri] tragen
This bag is very heavy. You cannot carry it.
Diese Tasche ist sehr schwer. Du kannst sie nicht tragen.

cash register [kæʃ 'redʒɪstə] Kasse
The woman at the cash register is my aunt.
Die Frau an der Kasse ist meine Tante.

castle ['kaːsl] Burg
This castle is open today.
Diese Burg ist heute geöffnet.

cat [kæt] Katze
Cats eat mice.
Katzen fressen Mäuse.

catch [kætʃ] fangen
The cat can't catch the bird.
Die Katze kann den Vogel nicht fangen.

cellar ['selə] Keller
It's very dark in our cellar.
In unserem Keller ist es sehr dunkel.

cent [sent] Cent
100 cents are 1 euro.
100 Cent sind 1 Euro.

chair [tʃeə] Stuhl
Don't stand on your chair.
Steh nicht auf dem Stuhl.

chalk [tʃɔːk] Kreide
Where's the chalk? I want to write something on the board.
Wo ist die Kreide? Ich möchte etwas an die Tafel schreiben.

chase [tʃeɪs] fangen, jagen
Helen chases Ben.
Helen fängt Ben.

cheap [tʃiːp] billig
We'll take this car. It's cheap but good.
Wir nehmen dieses Auto. Es ist billig, aber gut.

cheese [tʃiːz] Käse
Jim likes cheese in his sandwich.
Jim mag Käse auf seinem Butterbrot.

cherry ['tʃeri] Kirsche
Diana likes cherries.
Diana mag gerne Kirschen.

chess [tʃes] Schach
Let's play a game of chess.
Lass uns eine Partie Schach spielen.

chick [tʃɪk] Küken
Our hen has ten yellow chicks.
Unsere Henne hat zehn gelbe Küken.

chicken ['tʃɪkɪn] Huhn
Yesterday we had chicken for lunch.
Gestern hatten wir Huhn zum Mittagessen.

chips [tʃɪps] Pommes frites
Jane likes ketchup on her chips.
Jane mag gerne Ketchup auf ihren Pommes.

child [tʃaɪld] Kind
Why is this child smiling?
Warum lächelt das Kind?

chocolate ['tʃɒkələt] Schokolade
I love chocolate.
Ich liebe Schokolade.

children ['tʃɪldrən] Kinder
The Wilsons have three children.
Die Wilsons haben drei Kinder.

Christmas ['krɪsməs] Weihnachten
What do you want for Christmas?
Was wünschst du dir zu Weihnachten?

Christmas – Weihnachten
Christmas tree – Weihnachtsbaum
Christmas card – Weihnachtskarte
Christmas carol – Weihnachtslied
Christmas pudding – Plumpudding
Merry Christmas! – Fröhliche Weihnachten!

In Großbritannien und den USA bekommen die Kinder ihre Weihnachtsgeschenke nicht am Heiligabend (Christmas Eve), sondern am 1. Weihnachtstag (Christmas Day).

church [tʃɜːtʃ] Kirche
We go to church every Sunday.
Wir gehen jeden Sonntag zur Kirche.

cinema ['sɪnəmə] Kino
Let's go to the cinema this afternoon.
Lasst uns heute Nachmittag ins Kino gehen.

circus ['sɜːkəs] Zirkus
This week there's a circus in our town.
Diese Woche ist ein Zirkus in unserer Stadt.

city ['sɪti] (Groß-)Stadt
London is a big city.
London ist eine große Stadt.

clap [klæp] klatschen
All the children clapped their hands when they saw the clown.
Alle Kinder klatschten in die Hände, als sie den Clown sahen.

classroom ['klɑːsrʊm] Klassenraum, Klasse
The teacher says: "Go back into the classroom."
Die Lehrerin sagt: „Geht zurück in den Kassenraum."

Classroom Phrases – Begriffe aus dem Klassenraum

Open your books on page … – Schlagt eure Bücher auf auf Seite …!
Listen, please. – Hört bitte zu!
Once again. – Noch einmal.
Answer the question. – Beantworte(t) die Frage!
Write down. – Schreib(t) auf!
Come to the board, please. – Komm bitte zur Tafel!
Go back to your seat. – Geh zurück zu deinem Platz!
Stand up, please. – Steh(t) bitte auf!
Sit down, please! – Setz dich bitte hin!

clean [kliːn] sauber
Sam puts on a clean shirt.
Sam zieht ein sauberes Hemd an.

climb [klaɪm] klettern
Paul climbed up the tree.
Paul kletterte den Baum hoch.

clock [klɒk] Uhr
Our clock is in the kitchen.
Unsere Uhr ist in der Küche.

close [kləʊz] zumachen
It's cold in here. Please, close the door.
Es ist kalt hier drin. Mach bitte die Tür zu.

closed [kləʊzd] zu, geschlossen
On Sundays the shops are closed.
Sonntags sind die Geschäfte geschlossen.

clothes [kləʊðz] Kleidung, Kleider
My brother must always wear my old clothes.
Mein Bruder muss immer meine alte Kleidung tragen.

cloud [klaʊd] Wolke
Look at the clouds up there.
Guck dir die Wolken da oben an.

cloudy ['klaʊdi] bewölkt
It's very cloudy today.
Heute ist es sehr bewölkt.

coat [kəʊt] Mantel
I can't wear my coat today. It's dirty.
Ich kann heute meinen Mantel nicht tragen.
Er ist schmutzig.

A B C D E F G H I J K L M N O P Q R S T U V W XY Z

cock [kɒk] Hahn
The cock is sitting on the barn.
Der Hahn sitzt auf der Scheune.

coffee ['kɒfi] Kaffee
A coffee with milk, please.
Einen Kaffee mit Milch, bitte.

coke [kəʊk] Cola
Can I have a coke, please?
Kann ich bitte eine Cola haben?

cold [kəʊld] kalt
In winter it's cold outside.
Im Winter ist es draußen kalt.

colour ['kʌlə] Farbe
What colour is Papiti?
– He's black and yellow.
Welche Farbe hat Papiti?
– Er ist schwarz-gelb.

come [kʌm] kommen
Where's Tina? Oh, here she comes.
Wo ist Tina? Ah, da kommt sie.

come from [kʌm frɒm] kommen aus
Where do you come from?
– I come from Scotland.
Woher kommst du?
– Ich komme aus Schottland.

come in [kʌm ɪn] hereinkommen
Come in!
Komm(t) herein!

Colours – Farben

red – rot
yellow – gelb
green – grün
blue – blau
black – schwarz
white – weiß
brown – braun
orange – orange
pink – rosa, pink
grey – grau

computer [kəm'pjuːtə] Computer
Doris has a computer in her bedroom.
Doris hat einen Computer in ihrem Zimmer.

Computer – Computer
keyboard – Tastatur
screen – Bildschirm
mouse – Maus
joystick – Joystick
scroll – scrollen
floppy disc – Diskette
CD-rom – CD-ROM
scanner – Scanner
printer – Drucker
speaker – Lautsprecher

cook [kʊk] kochen
Mum, what are you cooking?
– I'm cooking spaghetti.
Mama, was kochst du?
– Ich koche Spaghetti.

cookie ['kʊki] (Am.) Keks
Do you like cookies for breakfast?
Magst du Kekse zum Frühstück?

could [kʊd] konnte, könnte
Yesterday, I couldn't come to school.
Gestern konnte ich nicht zur Schule kommen.

count [kaʊnt] zählen, rechnen
There are many bottles.
Can you count them?
Da sind viele Flaschen.
Kannst du sie zählen?

country ['kʌntri] Land
Germany and Spain are countries in Europe.
Deutschland und Spanien sind Länder in Europa.

Countries – Länder
Germany – Deutschland
England – England
Great Britain – Großbritannien
Italy – Italien
France – Frankreich
Spain – Spanien
America – Amerika
USA [juːes'eɪ] – USA
Turkey – Türkei

A B C D E F G H I J K L M N O P Q R S T U V W XY Z

cousin ['kʌzən] Cousin, Cousine
My **cousin** is the son of my mother's brother.
Mein Cousin ist der Sohn vom Bruder meiner Mutter.

cow [kaʊ] Kuh
Cows give milk.
Kühe geben Milch.

crawl [krɔːl] krabbeln
Babies **crawl** before they learn to walk.
Babys krabbeln, bevor sie laufen lernen.

crocodile ['krɒkədaɪl] Krokodil
The **crocodile** has a big mouth.
Das Krokodil hat ein großes Maul.

cross out [krɒs aʊt] durchstreichen
This word is wrong.
Please **cross** it **out**.
Dieses Wort ist falsch.
Streich es bitte durch.

crossroads ['krɒsrəʊdz] Kreuzung
There are many **crossroads** in our town.
In unserer Stadt gibt es viele Kreuzungen.

cry [kraɪ] weinen
Papiti **cries** because he is alone at home.
Papiti weint, weil er allein zu Hause ist.

cucumber ['kjuːkʌmbə] Gurke
We have big **cucumbers** in our garden.
Wir haben große Gurken in unserem Garten.

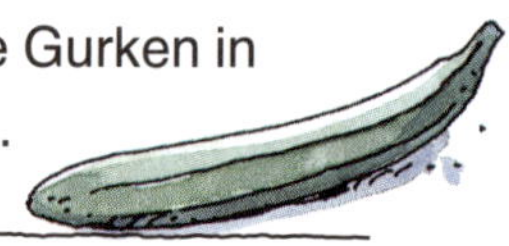

cup [kʌp] Tasse
Would you like a **cup** of tea?
Möchtest du eine Tasse Tee?

cupboard ['kʌbəd] Schrank
Put the cups into the **cupboard**.
Stell die Tassen in den Schrank.

cut [kʌt] schneiden
Mum, can you cut this apple for me?
Mama, kannst du mir diesen Apfel schneiden?

D

dad, daddy [dæd 'dædi] Papa
This is my daddy.
Das ist mein Papa.

dance [dɑːnts] tanzen
At my birthday party a lot of children danced.
Auf meiner Geburtstagsfeier haben viele Kinder getanzt.

dark [dɑːk] dunkel
It's getting dark outside.
Es wird draußen dunkel.

date [deɪt] Datum
What date is it today?
Welches Datum haben wir heute?

daughter ['dɔtə] Tochter
The Aldersons have one daughter.
Die Aldersons haben eine Tochter.

day [deɪ] Tag
What day is it today?
Welcher Tag ist heute?

Days of the Week – Wochentage

Monday – Montag
Tuesday – Dienstag
Wednesday – Mittwoch
Thursday – Donnerstag
Friday – Freitag
Saturday – Samstag, Sonnabend
Sunday – Sonntag
on Saturday – am Samstag
on Saturdays – samstags
What day is today? – Welcher Tag ist heute?
It's Tuesday. – Es ist Dienstag.

A B C D E F G H I J K L M N O P Q R S T U V W XY Z

dear [dɪə] liebe(r)
Begin your letter with "Dear Mum".
Fang deinen Brief mit „Liebe Mama" an.

different ['dɪfrnt] verschieden
These brothers look very different.
Diese Brüder sehen sehr verschieden aus.

December [dɪ'sembə] Dezember
In December we often get snow.
Im Dezember haben wir oft Schnee.

dinner ['dɪnə] Essen
My parents are going out for dinner tonight.
Meine Eltern gehen heute Abend zum Essen aus.

desk [desk] Schreibtisch
My desk is near the window.
Mein Schreibtisch ist nahe dem Fenster.

dirty ['dɜːti] schmutzig
Don't eat with dirty hands, please.
Iss bitte nicht mit schmutzigen Händen.

dice [daɪs] Würfel (Mehrzahl)
It's your turn. Take the dice.
Du bist dran. Nimm die Würfel.

dishes ['dɪʃɪz] Geschirr
Could you please put your dishes away?
Könntest du bitte dein Geschirr wegstellen?

did [dɪd] machte, tat
→ do
What did you do yesterday?
Was hast du gestern gemacht?

do [duː] tun, machen
What are you doing?
Was machst du gerade?

dog [dɒg] Hund

My dog's name is Timmy.

Mein Hund heißt Timmy.

doll [dɒl] Puppe

My doll has got a new dress.

Meine Puppe hat ein neues Kleid.

dollar ['dɒlə] Dollar

How many dollars have you got?

Wie viele Dollars hast du?

doll's house ['dɒlz haʊs] Puppenhaus

My doll's house is very big.

Mein Puppenhaus ist sehr groß.

doll's pram ['dɒlz præm] Puppenwagen

My doll's pram is broken.

Mein Puppenwagen ist kaputt.

door [dɔː] Tür

Our house has green doors.

Unser Haus hat grüne Türen.

down [daʊn] unten, runter

Mum shouts: "Ben, come down!"

Mama ruft: „Ben, komm runter!"

downstairs [daʊn'steəz] unten (im Haus)

Mum is downstairs.

Mama ist unten.

drank [dræŋk] trank

→ drink

Yesterday I drank six glasses of coke.

Gestern trank ich sechs Gläser Cola.

draw [drɔː] zeichnen, malen

Can you draw a sun?

Kannst du eine Sonne malen?

dream [driːm] träumen

My brother dreams every night.

Mein Bruder träumt jede Nacht.

A B C D E F G H I J K L M N O P Q R S T U V W XY Z

dress [dres] Kleid
I got a new dress for Christmas.
Ich habe ein neues Kleid zu Weihnachten bekommen.

dress up [dres 'ʌp] sich verkleiden
Let's dress up for Halloween.
Lasst uns zu Halloween verkleiden.

drink [drɪŋk] Getränk
Take a drink for your picnic.
Nimm ein Getränk für euer Picknick mit.

drink [drɪŋk] trinken
Don't drink too fast!
Trink nicht zu schnell!

dry [draɪ] trocken
Is your hair dry?
Sind deine Haare trocken?

duck [dʌk] Ente
The duck is swimming on the lake.
Die Ente schwimmt auf dem See.

E

ear [ɪə] Ohr
You have to wash your ears, too.
Du musst auch deine Ohren waschen.

Easter ['iːstə] Ostern
Easter is in spring.
Ostern ist im Frühling.

Easter – Ostern
Easter egg – Osterei
Easter basket – Osterkorb
Easter bunny – Osterhase
Happy Easter! – Frohe Ostern!
Good Friday – Karfreitag
hot cross bun – süßes Brötchen mit einem Kreuz darauf, das in Großbritannien am Karfreitag gegessen wird.

eat [iːt] essen, fressen
Ben is eating an apple.
Ben isst einen Apfel.

egg [eg] Ei
My brother sometimes eats five eggs for breakfast.
Mein Bruder isst manchmal fünf Eier zum Frühstück.

---

elephant ['elɪfənt] Elefant
There's a little baby elephant in our zoo.
Es gibt ein kleines Elefantenbaby in unserem Zoo.

---

empty ['emti] leer
This bottle is empty.
Diese Flasche ist leer.

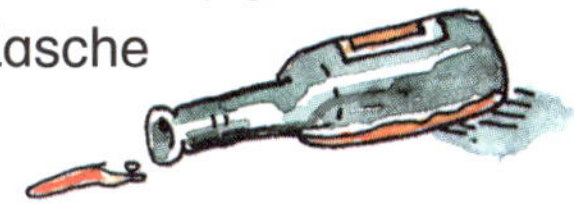

England ['ɪŋglənd] England
London is a city in the south of England.
London ist eine Stadt im Süden von England.

English ['ɪŋglɪʃ] englisch
Do you speak English?
Sprichst du Englisch?

---

euro ['jʊərəʊ] Euro, €
Britain doesn't have the euro.
Großbritannien hat den Euro nicht.

Europe ['jʊərəʊp] Europa
England and Germany are countries in Europe.
England und Deutschland sind Länder in Europa.

---

evening ['iːvnɪŋ] Abend
In the evening my father comes back from work.
Am Abend kommt mein Vater von der Arbeit zurück.

---

every ['evri] jeder
I go to school every day.
Ich gehe jeden Tag zur Schule.

---

excuse me [ɪk'skjuːs miː] Entschuldigung
Excuse me, can you tell me the way to the station?
Entschuldigung, können Sie mir den Weg zum Bahnhof erklären?

A B C D E F G H I J K L M N O P Q R S T U V W XY Z

A B C D E F G H I J K L M N O P Q R S T U V W XY Z

exercise book ['eksəsaɪz bʊk] Heft

Write your homework in your red exercise book.
Schreibt eure Hausarbeiten in euer rotes Heft.

---

eye [aɪ] Auge

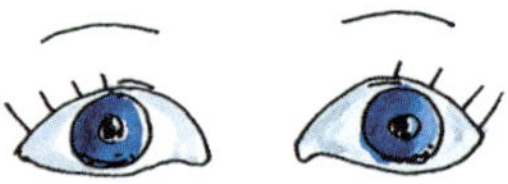

My mother has blue eyes.
Meine Mutter hat blaue Augen.

F

face [feɪs] Gesicht

Mike has a round face.
Mike hat ein rundes Gesicht.

---

fall [fɔːl] fallen
Don't run so fast.
You could fall.
Renn nicht so schnell.
Du könntest fallen.

---

fall [fɔːl] Herbst (Am.)
In fall the leaves are red.
Im Herbst sind die Blätter rot.

family ['fæməli] Familie
I have a big family.
Ich habe eine große Familie.

Family – Familie
mother – Mutter
father – Vater
child – Kind
grandma – Oma
grandad – Opa
brother – Bruder
sister – Schwester
uncle – Onkel
aunt – Tante
cousin – Cousin, Cousine

far [fɑː] weit
America is far away from here.
Amerika ist weit weg von hier.

farm [fɑːm] Bauernhof
Old MacDonald had a farm.
Der alte MacDonald hatte einen Bauernhof.

farmer ['fɑːmə] Bauer
Old Macdonald is a farmer.
Der alte Macdonald ist ein Bauer.

fast [fɑːst] schnell
Anne can run fast.
Anne kann schnell rennen.

fat [fæt] dick, fett
Our dog is too fat.
Unser Hund ist zu dick.

father ['fɑːðə] Vater
My father has grey hair already.
Mein Vater hat schon graue Haare.

favourite ['feɪvərɪt] Lieblings-
My favourite colour is blue.
Meine Lieblingsfarbe ist Blau.

February ['februəri] Februar
My birthday is in February.
Mein Geburtstag ist im Februar.

feed [fiːd] füttern
I like feeding the ducks.
Ich füttere gern die Enten.

feel [fiːl] fühlen
How do you feel?
Wie fühlst du dich?

feet [fiːt] Füße
→ foot
My feet are too big for these shoes.
Meine Füße sind zu groß für diese Schuhe.

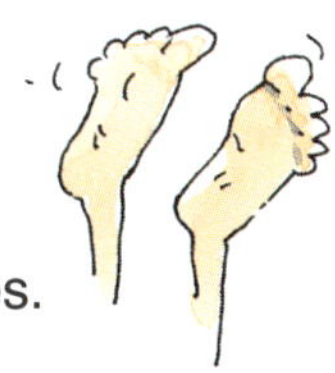

fell [fel] fiel → fall
Yesterday Karen fell on her knees.
Gestern fiel Karen auf ihre Knie.

felt [felt] fühlte, gefühlt → feel

Yesterday Jane felt very bad.
Jane fühlte sich gestern sehr schlecht.

fence [fents] Zaun
There's a fence around our garden.
Wir haben einen Zaun um unseren Garten.

ferry ['feri] Fähre
We take the ferry to England.
Wir nehmen die Fähre nach England.

fill [fɪl] füllen
Thomas is filling the glass with milk.
Thomas füllt das Glas mit Milch.

film [fɪlm] Film
We're watching a film on TV.
Wir gucken einen Film im Fernsehen.

find [faɪnd] finden
I can't find my pen.
Ich kann meinen Stift nicht finden.

fine [faɪn] gut
How are you?
– I'm fine, thanks.
Wie geht's dir?
– Gut, danke.

finger ['fɪŋgə] Finger
I have short fingers.
Ich habe kurze Finger.

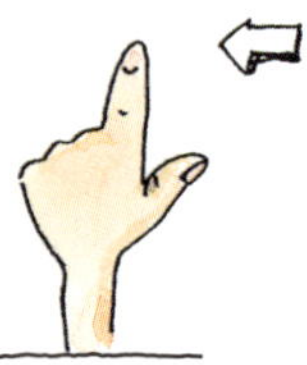

finish ['fɪnɪʃ] beenden, fertig machen
Have you finished your homework?
Hast du deine Hausaufgaben fertig gemacht?

fire-engine ['faɪə endʒɪn] Feuerwehrwagen
Look, there's a fire-engine.
Guck mal, da ist ein Feuerwehrwagen.

---

first [fɜːst] erste
Mike is first.
Mike ist Erster.

fish [fɪʃ] Fisch
Cats eat fish.
Katzen fressen Fisch.

---

fish and chips [fɪʃ ən 'tʃɪps] Fisch mit Pommes

Many English people like fish and chips.
Viele Engländer mögen gerne Fisch mit Pommes.

---

fish fingers [fɪʃ 'fɪŋgez] Fischstäbchen

Kevin likes ketchup on his fish fingers.
Kevin mag Ketchup auf seinen Fischstäbchen.

---

flat [flæt] Wohnung
Our flat has four rooms.
Unsere Wohnung hat vier Zimmer.

---

flew [fluː] flog ➔ fly
Last week many birds flew south.
Letzte Woche flogen viele Vögel in den Süden.

---

floor [flɔː] Fußboden
Don't throw your clothes on the floor.
Wirf deine Anziehsachen nicht auf den Fußboden.

---

flower ['flaʊə] Blume
In spring there are many flowers.
Im Frühling gibt es viele Blumen.

flute [fluːt] Flöte
Do you play the flute? – Yes, I do.
Spielst du Flöte? – Ja.

A B C D E F G H I J K L M N O P Q R S T U V W XY Z

fly [flaɪ] fliegen
Birds can fly.
Vögel können fliegen.

fog [fɒg] Nebel
There is sometimes a lot of fog in London.
Es gibt manchmal viel Nebel in London.

foggy ['fɒgi] nebelig
It's often very foggy in London.
Es ist in London oft sehr nebelig.

food [fuːd] Essen, Nahrung, Futter
My favourite food is chicken.
Mein Lieblingsessen ist Hühnchen.

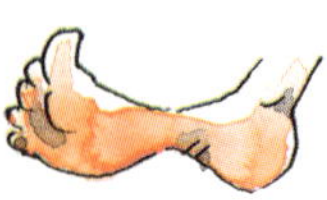

foot [fʊt] Fuß
A foot has five toes.
Ein Fuß hat fünf Zehen.

football ['fʊtbɔːl] Fußball
Mark likes playing football.
Mark spielt gerne Fußball.

fork [fɔːk] Gabel
Can you eat with a knife and fork?
Kannst du mit Messer und Gabel essen?

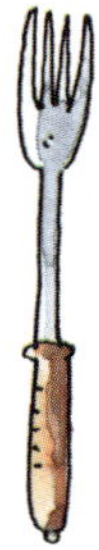

found [faʊnd] fand, gefunden
→ find
Yesterday I found a little dog near the road.
Gestern fand ich einen kleinen Hund an der Straße.

France [frɑːnts] Frankreich
In France many people like cheese.
In Frankreich mögen viele Leute Käse.

French [frentʃ] französisch
Do you learn French at school?
Lernt ihr in der Schule Französisch?

Friday ['fraɪdeɪ] Freitag
→ Days of the Week S. 31

fridge [frɪdʒ] Kühlschrank
In America fridges are very big.
In Amerika sind die Kühlschränke sehr groß.

friend [frend] Freund
Papiti is my friend.
Papiti ist mein Freund.

frog [frɒg] Frosch
Are frogs green or brown?
Sind Frösche grün oder braun?

from [frɒm] von, aus
Where are you from?
– I'm from Germany.
Woher kommst du?
– Ich komme aus Deutschland.

from ... to [frɒm ... tʊ] von ... nach
There's a bus from London to Brighton.
Es gibt einen Bus von London nach Brighton.

fruit [fru:t] Obst
Fruit is good for you.
Obst ist gut für dich.

full [fʊl] voll
This bottle is full.
Diese Flasche ist voll.

funny ['fʌni] lustig
This clown does funny things.
Dieser Clown macht lustige Sachen.

furniture ['fɜ:nɪtʃə] Möbel
We bought new furniture for my bedroom.
Wir haben neue Möbel für mein Schlafzimmer gekauft.

Fruits – Obst

raspberry – Himbeere
grapes – Weintrauben
pineapple – Ananas
pear – Birne
peach – Pfirsich
apple – Apfel
banana – Banane
melon – Melone
lemon – Zitrone
orange – Orange
cherry – Kirsche
strawberry – Erdbeere

G

game [geɪm] Spiel
Chess is a nice game.
Schach ist ein schönes Spiel.

garage ['gærɪdʒ] Garage
Joe's bike is in the garage.
Joes Fahrrad ist in der Garage.

garden ['gɑːdən] Garten
My father likes working in the garden.
Mein Vater arbeitet gerne im Garten.

gave [geɪv] gab → give
I gave you the book yesterday.
Ich gab dir gestern das Buch.

geese [giːs] Gänse
→ goose
Nils Holgerson loved his geese.
Nils Holgerson liebte seine Gänse.

German ['dʒeːmən] deutsch
This is the German flag.
Das ist die deutsche Flagge.

Germany ['dʒeːməni] Deutschland
Berlin is in the east of Germany.
Berlin liegt im Osten von Deutschland.

get [get] bekommen, werden
In the evening Tom gets very tired.
Abends wird Tom sehr müde.

get up [get 'ʌp] aufstehen
Every morning I get up at 7 o'clock.
Ich stehe jeden Morgen um 7 Uhr auf.

ghost [gəʊst] Gespenst
Are you afraid of ghosts?
Hast du Angst vor Gespenstern?

giraffe [dʒɪˈrɑːf] Giraffe
Giraffes have long necks.
Giraffen haben lange Hälse.

girl [gɜːl] Mädchen
The Rowleys have two boys and one girl.
Die Rowleys haben zwei Jungen und ein Mädchen.

girlfriend [ˈgɜːlfrend] Freundin (eines Jungen)
"This is my girlfriend Sarah," Kevin says.
„Das ist meine Freundin Sarah," sagt Kevin.

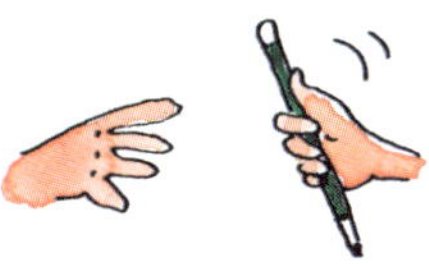

give [gɪv] geben
Could you give me your pencil, please?
Könntest du mir bitte deinen Bleistift geben?

glass [glɑːs] Glas
Sorry, but this glass is broken.
Tut mir leid, aber dieses Glas ist kaputt.

gloves [glʌvz] Handschuhe
In winter you have to wear gloves.
Im Winter muss man Handschuhe anziehen.

go [gəʊ] gehen, fahren
Are you going to town?
Gehst du in die Stadt?

goat [gəʊt] Ziege
Goats can climb up mountains.
Ziegen können Berge hoch klettern.

good [gʊd] gut
Hmm, this chocolate is very good.
Hmm, diese Schokolade schmeckt sehr gut.

goodbye [gʊdˈbaɪ] auf Wiedersehen
The teacher says: "School is over. Goodbye."
Der Lehrer sagt: „Die Schule ist aus. Auf Wiedersehen."

good morning [gʊd ˈmɔːnɪŋ]
guten Morgen
The teacher says: "Good morning, children."
Die Lehrerin sagt:
„Guten Morgen, Kinder."

good night [gʊd ˈnaɪt]
gute Nacht
Say good night to daddy.
Sag Papa gute Nacht.

go on [gəʊ ɒn] weitermachen
Go on, Mark.
Mach weiter, Mark.

goose [guːs] Gans
Nils Holgerson's friend was a white goose.
Nils Holgersons Freund war eine weiße Gans.

got [gɒt] bekam, bekommen
→ get
I got a new bike for Christmas.
Ich habe zu Weihnachten ein neues Fahrrad bekommen.

grandad, grandpa
[ˈgrændæd, ˈgrændpaː] Opa
This is my grandad.
Das ist mein Opa.

grandfather [ˈgrændfaːðə]
Großvater
My grandfather has grey hair.
Mein Großvater hat graue Haare.

grandma [ˈgrændmaː] Oma
This is my grandma.
Das ist meine Oma.

grandmother [ˈgrændmʌðə]
Großmutter
My grandmother makes great biscuits.
Meine Großmutter macht tolle Kekse.

grass [graːs] Gras
Grass is green.
Gras ist grün.

great [greɪt] groß, toll
Skateboarding is great.
Skateboardfahren ist toll.

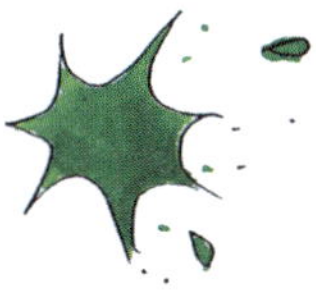

green [griːn] grün
In spring the leaves are green.
Im Frühling sind die Blätter grün.

grey [greɪ] grau
Why does grandma have grey hair?
Warum hat Oma graues Haar?

guest [gest] Gast
There were many guests at my birthday party.
Auf meiner Geburtstagsfeier waren viele Gäste.

guinea pig ['gɪni pɪg] Meerschweinchen
My little brother has a guinea pig.
Mein kleiner Bruder hat ein Meerschweinchen.

guitar [gɪ'tɑː] Gitarre
Fiona can play the guitar.
Fiona kann Gitarre spielen.

Guy Fawkes Day

"Remember, remember the fifth of November" (= Denk an den 5. November) lernen in Großbritannien schon die Kinder, denn an diesem Tag wird der Guy Fawkes Day mit Feuerwerken gefeiert. Ein Mann namens Guy Fawkes versuchte im Jahr 1605, König Jakob I. zu ermorden. Er hatte eine Bombe unter das Parlamentsgebäude in London gelegt. Doch die Wachen des Königs fanden die Bombe und auch Guy Fawkes. Er wurde in den Tower von London gesperrt und dort geköpft. In Erinnerung an dieses Ereignis werden überall in Großbritannien Strohpuppen angezündet, die Guy Fawkes darstellen sollen.

A B C D E F G H I J K L M N O P Q R S T U V W XY Z

H

had [hæd] hatte, gehabt
→ have
My grandad had a farm.
Mein Opa hatte einen Bauernhof.

hair [heə] Haar
Anne has red hair.
Anne hat rotes Haar.

half [hɑːf] halb, Hälfte
I'd like half an apple.
Ich hätte gerne einen halben Apfel.

half past [hɑːf pɑːst] halb (bei Uhrzeiten)
What time is it?
– It's half past three.
Wie spät ist es?
– Es ist halb vier.

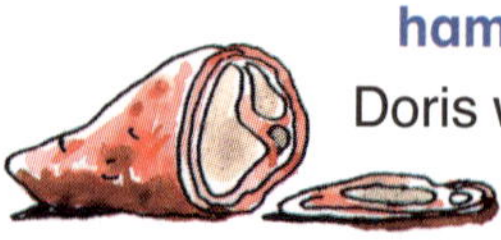

ham [hæm] Schinken
Doris wants a sandwich with ham.
Doris möchte ein Butterbrot mit Schinken.

Halloween

Am 31. Oktober feiert man in den USA, Großbritannien und zunehmend auch in Deutschland Halloween. In dieser Nacht werden die Geister und Hexen freigelassen. Natürlich sind das nur als Hexen verkleidete Menschen, die sich z.B. auf Halloween-Partys treffen. Viele Leute schnitzen Fratzengesichter in große Kürbisse und stellen sie in die Fenster oder vor die Türen. Die Kinder ziehen von Haus zu Haus und sammeln Süßigkeiten mit dem Spruch "Trick or treat?" (= Süßes oder büß es).

hand [hænd] Hand
Hands up!
Hände hoch!

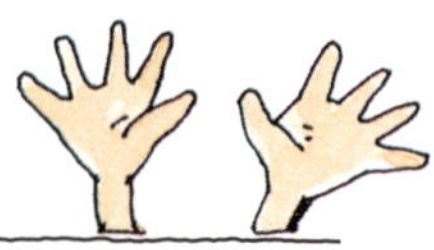

happy ['hæpi] glücklich
Look, Anne is so happy with her Christmas present.
Schau, Anne ist so glücklich über ihr Weihnachtsgeschenk.

hard [hɑːd] schwierig
It's hard to build sandcastles with dry sand.
Es ist schwierig, mit trockenem Sand Sandburgen zu bauen.

has [hæz] hat
→ have
My brother has red hair.
Mein Bruder hat rotes Haar.

hat [hæt] Hut, Mütze
This hat is too big for me.
Dieser Hut ist für mich zu groß.

hate [heɪt] hassen, nicht mögen
Claire hates getting up in the morning.
Claire hasst es, morgens aufzustehen.

have [hæv] haben
Have you got any brothers and sisters?
Hast du Geschwister?

have to [həv tʊ] müssen
All children have to go to school.
Alle Kinder müssen zur Schule gehen.

hay [hei] Heu
In winter cows eat hay.
Im Winter fressen die Kühe Heu.

he [hiː] er
This is Tim. He is my little brother.
Das ist Tim. Er ist mein kleiner Bruder.

head [hed] Kopf
The ball hit me on the head.
Der Ball traf mich am Kopf.

A B C D E F G H I J K L M N O P Q R S T U V W XY Z

heavy ['hevi] schwer
The bag is too heavy for you.
Die Tasche ist zu schwer für dich.

hello! [he'ləʊ] hallo!
Hello, Mike. How are you?
Hallo, Mike. Wie geht's dir?

help [help] helfen
Can you help me with my homework, please?
Kannst du mir bitte bei den Hausaufgaben helfen?

hen [hen] Henne
Our hen has ten yellow chicks.
Unsere Henne hat zehn gelbe Küken.

her [hə] ihr
This is Jane. And that is her dog Timmy.
Das ist Jane. Und das da ist ihr Hund Timmy.

here [hɪə] hier(her)
Timmy, come here!
Timmy, komm hierher!

hide-and-seek [haɪd ən 'siːk] Verstecken
Let's play hide-and-seek.
Lasst uns Verstecken spielen.

high [haɪ] hoch
Papiti likes climbing high trees.
Papiti klettert gerne auf hohe Bäume.

hippo ['hɪpəʊ] Nilpferd
Hippos are very fat.
Flusspferde sind sehr dick.

his [hɪz] sein
This is my daddy. His name is Tom.
Das ist mein Vater. Sein Name ist Tom.

hit [hɪt] schlagen, treffen, stoßen
The ball hit me on the head.
Der Ball traf mich am Kopf.

home [həʊm] Haus

Kevin is alone at home.
Kevin ist allein zu Hause.

Hobbies – Hobbys

My hobbies are … – Meine Hobbys sind …
music – Musik
playing the piano – Klavier spielen
collecting stamps – Briefmarken sammeln
reading – Lesen
skateboarding – Skateboard fahren
inline-skating – Inlineskates fahren
riding – Reiten
➔ Sports S. 81

hole [həʊl] Loch
There's a hole in your socks.
Da ist ein Loch in deinen Socken.

homework ['həʊmwɜːk] Hausaufgaben
Have you already done your homework?
Hast du deine Hausaufgaben schon gemacht?

holiday ['hɒlɪdeɪ] Urlaub
In summer many people go on holiday.
Im Sommer fahren viele Leute in Urlaub.

honey ['hʌni] Honig
I like honey on my toast.
Ich mag gerne Honig auf meinem Toast.

A B C D E F G H I J K L M N O P Q R S T U V W XY Z

horse [hɔːs] Pferd
Can you draw a horse?
Kannst du ein Pferd malen?

hot [hɒt] heiß, scharf
This food is too hot.
Dieses Essen ist zu heiß.

hour ['aʊə] Stunde
My train goes in two hours.
Mein Zug fährt in zwei Stunden.

house [haʊs] Haus
Our house has green doors.
Unser Haus hat grüne Türen.

hovercraft ['hɒvəkrɑːft] Luftkissenboot
We'll go by hovercraft to England.
Wir fahren mit dem Luftkissenboot nach England.

how [haʊ] wie
How is the weather today?
Wie ist das Wetter heute?

How are you? [haʊ 'ɑː ju]
Wie geht es dir/Ihnen?
Hello Linda! How are you?
Hallo Linda! Wie geht's dir?

how many ['haʊ meni]
wie viele
How many brothers and sisters have you got?
Wie viele Geschwister hast du?

how much ['haʊ mʌtʃ]
wie viel
I'll take this T-shirt.
How much is it?
Ich nehme dieses T-Shirt.
Wie viel kostet es?

hurt [hɜːt] weh tun
My arm hurts.
Mein Arm tut weh.

I

I [aɪ] ich
I like fish and chips.
Ich mag gerne Fisch mit Pommes.

I am, I'm [aɪ æm, aɪm] ich bin
I'm very tired.
Ich bin sehr müde.

ice [aɪs] Eis
In winter water can turn to ice.
Im Winter kann Wasser zu Eis werden.

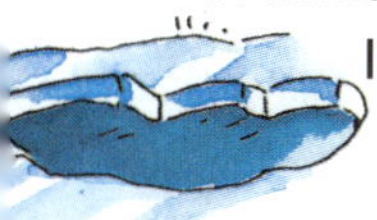

ice cream [aɪs 'kriːm] Eis(creme)
Dan likes ice cream with ketchup.
Dan mag Eis mit Ketchup.

ice skates ['aɪs skeɪts] Schlittschuhe
Where are my ice skates?
Wo sind meine Schlittschuhe?

ill [ɪl] krank
Frank is ill today.
Frank ist heute krank.

in [ɪn] in
The cat is sitting in the box.
Die Katze sitzt in der Kiste.

in front of [ɪn 'frʌnt əv] vor
There's a big tree in front of our house.
Vor unserem Haus steht ein großer Baum.

into ['ɪntu] in … (hinein)
Peter is going into his room.
Peter geht in sein Zimmer.

invite [ɪn'vaɪt] einladen
I invited six friends to my birthday party.
Ich habe sechs Freunde zu meiner Geburtstagsfeier eingeladen.

is [ɪz] ist
→ be
It is one o'clock.
Es ist ein Uhr.

A B C D E F G H I J K L M N O P Q R S T U V W XY Z

it [ɪt] er, sie, es
This is Joe's bike. It is red.
Das ist Joes Fahrrad. Es ist rot.

Italian [ɪ'tælɪən] italienisch
This is the Italian flag.
Das ist die italienische Flagge.

Italy ['ɪtəli] Italien
We go on holiday to Italy.
Wir fahren nach Italien in Urlaub.

its [ɪts] sein
Look at that shop. Its door is open.
Schau dir das Geschäft an. Seine Tür ist offen.

J

jam [dʒæm] Marmelade
Pass the jam, please.
Reich mir bitte die Marmelade.

January ['dʒænjuəri] Januar
In January it's cold.
Im Januar ist es kalt.

jigsaw ['dʒɪgsɔː] Puzzle
This jigsaw has too many pieces.
Dieses Puzzle hat zu viele Teile.

Jobs – Berufe
I want to become a ... . –
Ich möchte ... werden.
reporter – Reporter(in)

postman – Postbote
teacher – Lehrer(in)
doctor – Arzt, Ärztin
pilot – Pilot(in)
secretary – Sekretär(in)
nurse – Krankenschwester
shop assistant – Verkäufer(in)

juice [dʒuːs] Saft
Would you like a glass of juice?
Möchtest du ein Glas Saft?

July [dʒʊˈlaɪ] Juli
In July many people go on holiday.
Im Juli fahren viele Leute in Urlaub.

jump [dʒʌmp] springen
How far can you jump?
Wie weit kannst du springen?

June [dʒuːn] Juni
On 21 June summer begins.
Am 21. Juni beginnt der Sommer.

K

king [kɪŋ] König
A king lives in a castle.
Ein König wohnt in einer Burg.

kitchen [ˈkɪtʃən] Küche
We always have breakfast in the kitchen.
Wir frühstücken immer in der Küche.

kite [kaɪt] Drachen
In October many children fly their kites.
Im Oktober lassen viele Kinder ihre Drachen steigen.

knee [niː] Knie
Anne fell on her knee and cried.
Anne fiel auf ihr Knie und weinte.

knew [njuː] wusste, kannte
→ know
Thomas knew the English word for “Burg”.
Thomas kannte das englische Wort für „Burg“.

knife [naɪf] Messer
Can you eat with a knife and fork?
Kannst du mit Messer und Gabel essen?

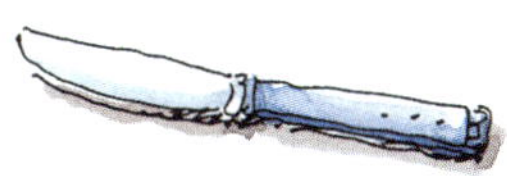

know [nəʊ] wissen, kennen
Do you know where London is?
Weißt du, wo London ist?

L

lake [leɪk] See
There are many boats on the lake.
Da sind viele Boote auf dem See.

lamb [læm] Lamm

In May many sheep have their lambs.
Im Mai bekommen viele Schafe ihre Lämmchen.

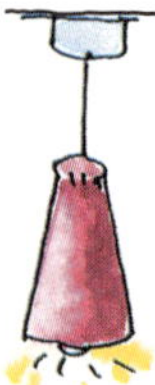

lamp [læmp] Lampe
We have a pink lamp in our kitchen.
Wir haben eine rosa Lampe in unserer Küche.

last [lɑːst] letzte
Last summer we went to France.
Letzten Sommer sind wir nach Frankreich gefahren.

laugh [lɑːf] lachen

Helen often laughs.
Helen lacht oft.

learn [lɜːn] lernen
In our last lesson we learned the English numbers.
In der letzten Stunde haben wir die englischen Zahlen gelernt.

leaves [liːvz] Blätter
In autumn the leaves are red.
Im Herbst sind die Blätter rot.

left [left] links

Turn left at the traffic lights.
Biege an der Ampel links ab.

leg [leg] Bein

My leg hurts.
Mein Bein tut weh.

lemon ['lemən] Zitrone
Lemons are sour.
Zitronen sind sauer.

lesson ['lesən] Schulstunde

The first lesson begins at 8 o'clock.
Die erste Stunde beginnt um 8 Uhr.

let's [lets] lass(t) uns
Let's play football, Mike.
Lass uns Fußball spielen, Mike.

letter ['letə] Brief
Tom got a letter from America.
Tom hat einen Brief aus Amerika bekommen.

letter ['letə] Buchstabe
How many letters are in your name?
Wie viele Buchstaben hat dein Name?

like [laɪk] mögen
Lisa likes horses.
Lisa mag Pferde.

lion ['laɪən] Löwe
The lion is the king of the animals.
Der Löwe ist der König der Tiere.

lips [lɪps] Lippen
Sam gets blue lips in cold water.
Sam bekommt im kalten Wasser blaue Lippen.

listen ['lɪsən] zuhören
Could you all listen, please?
Könntet ihr bitte alle zuhören?

little ['lɪtl] klein
This is my little brother Tim.
Das ist mein kleiner Bruder Tim.

live [lɪv] leben, wohnen
I live in Germany.
Ich wohne in Deutschland.

living room ['lɪvɪŋ rʊm] Wohnzimmer
Our living room has two windows.
Unser Wohnzimmer hat zwei Fenster.

long [lɒŋ] lang
Can you please give me that long sock?
Kannst du mir bitte die lange Socke da geben?

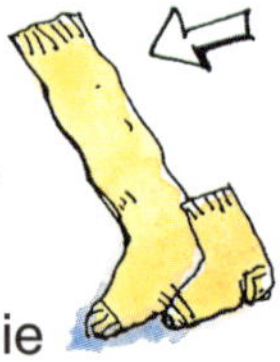

---

low [ləʊ] niedrig
This door is too low for my father.
Diese Tür ist für meinen Vater zu niedrig.

---

look [lʊk] aussehen, gucken
My mother sometimes looks tired.
Meine Mutter sieht manchmal müde aus.

---

lunch [lʌntʃ] Mittagessen
Some English people eat sandwiches for lunch.
Einige Engländer essen Butterbrote zum Mittagessen.

---

look for ['lʊk fɔː] suchen
I'm looking for my watch.
Ich suche meine Uhr.

---

lorry ['lɒri] LKW, Lastwagen (Brit.)
Lorries are sometimes very slow.
Lastwagen sind manchmal sehr langsam.

---

love [lʌv] lieben, mögen
Lisa loves horses.
Lisa liebt Pferde.

M

made [meɪd] machte, gemacht
→ make
Yesterday my mother made a cake.
Gestern hat meine Mutter einen Kuchen gemacht.

---

make [meɪk] machen
My mother makes nice cakes.
Mein Mutter macht schöne Kuchen.

---

man [mæn] Mann
That man ist my father.
Der Mann da ist mein Vater.

A B C D E F G H I J K L M N O P Q R S T U V W XY Z

many ['meni] viele
Many English people like tea.
Viele Engländer mögen Tee.

March [mɑːtʃ] März
In March spring begins.
Im März beginnt der Frühling.

---

market ['mɑːkɪt] Markt
You can buy fruit on the market.
Du kannst Obst auf dem Markt kaufen.

marketplace ['mɑːkɪtpleɪs] Marktplatz
This week there's a circus on our marketplace.
Diese Woche ist ein Zirkus auf unserem Marktplatz.

---

mask [mɑːsk] Taucherbrille
With a mask you can see things under water.
Mit einer Taucherbrille kannst du Dinge unter Wasser sehen.

may [meɪ] dürfen
The teacher says: "You may go out now."
Die Lehrerin sagt: „Ihr dürft jetzt rausgehen."

May [meɪ] Mai
In May many sheep have their lambs.
Im Mai bekommen viele Schafe ihre Lämmchen.

---

meat [miːt] Fleisch
Some people don't like meat.
Manche Leute mögen kein Fleisch.

---

men [men] Männer
→ man
Many men like to watch football.
Viele Männer gucken gerne Fußball.

---

mice [maɪs] Mäuse
→ mouse
Tom is afraid of mice.
Tom hat Angst vor Mäusen.

milk [mɪlk] Milch
Thomas is filling the glass with milk.
Thomas füllt das Glas mit Milch.

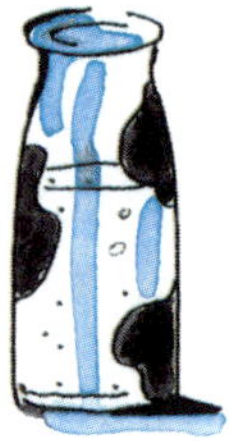

mineral water ['mɪnərəl wɔːtə] Mineralwasser
Mineral water is a good drink on hot days.
Mineralwasser ist ein gutes Getränk an heißen Tagen.

minute ['mɪnɪt] Minute
An hour has 60 minutes.
Eine Stunde hat 60 Minuten.

mom [maːm] Mama (Am.)
Hi mom, this is Jane speaking.
Hi Mama, hier spricht Jane.

Monday ['mʌndeɪ] Montag
→ Days of the Week. S. 31

money ['mʌni] Geld
How much money do you get from your parents?
Wie viel Geld bekommst du von deinen Eltern?

monkey ['mʌŋki] Affe
Monkeys eat bananas.
Affen fressen Bananen.

month [mʌnθ] Monat
A year has twelve months.
Ein Jahr hat zwölf Monate.

moon [muːn] Mond
Can you see the man in the moon?
Kannst du den Mann im Mond sehen?

more [mɔː] mehr
I'd like more butter on my toast, please.
Ich möchte bitte mehr Butter auf meinem Toast.

morning ['mɔːnɪŋ] Morgen
In the morning my father goes to work.
Morgens geht mein Vater zur Arbeit.

mother ['mʌðə] Mutter
My mother has blue eyes.
Meine Mutter hat blaue Augen.

motorbike ['məʊtəbaɪk] Motorrad
My cousin has already got a motorbike.
Mein Cousin hat schon ein Motorrad.

mountain ['maʊntɪn] Berg
Jerry likes climbing mountains.
Jerry liebt es, auf Berge zu klettern.

mouse [maʊs] Maus
Help, there's a mouse in the classroom!
Hilfe, da ist eine Maus in der Klasse!

mouth [maʊθ] Mund
The doctor says: "Open your mouth, please."
Der Arzt sagt: „Mach bitte deinen Mund auf."

Mr ['mɪstə] Herr (Anrede)
Good morning, Mr Brown.
Guten Morgen, Herr Brown.

Mrs ['mɪsɪz] Frau (Anrede)
Goodbye, Mrs Wilson.
Auf Wiedersehen, Frau Wilson.

much [mʌtʃ] viel
How much money do you get from your parents?
Wie viel Geld bekommst du von deinen Eltern?

mum [mʌm] Mama (Brit.)
Hello mum, this is Jane speaking.
Hallo Mama, hier spricht Jane.

must [mʌst] müssen
I must go now. Bye-bye.
Ich muss jetzt gehen. Tschüs!

my [maɪ] mein
This is my dog Timmy.
Das ist mein Hund Timmy.

A B C D E F G H I J K L M N O P Q R S T U V W XY Z

N

name [neɪm] Name
What's your name?
– My name is Peter.
Wie heißt du?
– Mein Name ist Peter.

near [nɪə] in der Nähe (von)
We live near the supermarket.
Wir wohnen in der Nähe des Supermarkts.

neck [nek] Hals
Giraffes have long necks.
Giraffen haben lange Hälse.

new [njuː] neu
This is our new car.
Das ist unser neues Auto.

newspaper ['njuːspeɪpə] Zeitung
My father reads his newspaper every day.
Mein Vater liest jeden Tag die Zeitung.

next [nekst] nächste
Who is next?
Wer ist der Nächste?

next (to) ['nekst tu] neben
Who is sitting next to you?
Wer sitzt neben dir?

nice [naɪs] schön, nett
Have a nice day.
Einen schönen Tag noch.

night [naɪt] Nacht
The night is dark.
Die Nacht ist dunkel.

no [nəʊ] kein
There is no chalk in the classroom.
Es gibt keine Kreide in der Klasse.

no [nəʊ] nein
Are you John?
– No, I'm Peter.
Bist du John?
– Nein, ich bin Peter.

noisy ['nɔɪzi] laut
Don't be so **noisy**, children!
Seid nicht so laut, Kinder!

north [nɔːθ] Norden
Hamburg is a city in the **north** of Germany.
Hamburg ist eine Stadt im Norden von Deutschland.

nose [nəʊz] Nase
Rudi has a red **nose**.
Rudi hat eine rote Nase.

---

not [nɒt] nicht
Peter did **not** do his homework.
Peter hat seine Hausaufgaben nicht gemacht.

November [nəʊ'vembə]
November
November can be very foggy.
Im November kann es sehr neblig sein.

---

now [naʊ] jetzt, nun
I must go **now**.
Ich muss jetzt gehen.

---

number ['nʌmbə] Zahl, Nummer
Do you know the **numbers** from one to ten in English?
Kennst du die Zahlen von eins bis zehn auf Englisch?

Numbers – Zahlen

		21 – twenty-one
1 – one	9 – nine	30 – thirty
2 – two	10 – ten	40 – forty
3 – three	11 – eleven	50 – fifty
4 – four	12 – twelve	60 – sixty
5 – five	13 – thirteen	70 – seventy
6 – six	14 – fourteen	80 – eighty
7 – seven	15 – fifteen	90 – ninety
8 – eight	20 – twenty	100 – one hundred

A B C D E F G H I J K L M N O P Q R S T U V W XY Z

O

o'clock [ə'klɒk] Uhr (nur bei Uhrzeiten)

What time is it?
– It's one o'clock.
Wie spät ist es?
– Es ist ein Uhr.

October [ɒk'təʊbə] Oktober

October is sometimes good for flying kites.
Der Oktober ist manchmal eine gute Zeit, um Drachen steigen zu lassen.

of [əv] von

The doors of the house are green.
Die Türen von dem Haus sind grün.

off [ɒf] von … runter

Anne likes jumping off that tree.
Anne springt gern von dem Baum dort runter.

office ['ɒfɪs] Büro

My mother works in an office.
Meine Mutter arbeitet in einem Büro.

often ['ɒfən] oft

It's often very foggy in London.
Es ist oft sehr neblig in London.

old [əʊld] alt

There's an old man on the road.
Da ist ein alter Mann auf der Straße.

on [ɒn] auf

The cat is sitting on the fence.
Die Katze sitzt auf dem Zaun.

open ['əʊpən] auf, geöffnet

The castle is open today.
Die Burg ist heute geöffnet.

open ['əʊpən] öffnen

Could you please open the window?
Könntest du bitte das Fenster öffnen?

opposite ['ɒpəzɪt] gegenüber
Opposite our school
there is a big tree.
Gegenüber von unserer
Schule ist ein
großer
Baum.

or [ɒː] oder
Would you like an
apple or
a banana?
Möchtest du einen
Apfel oder eine Banane?

---

orange ['ɒrɪndʒ]
Apfelsine, Orange
I'd like four oranges, please.
Ich hätte gern vier Orangen.

---

our ['aʊə] unser
This is our house.
Das ist unser Haus.

---

out [aʊt] aus
Papiti is climbing
out of the box.
Papiti klettert aus
der Schachtel.

outside [aʊt'saɪd]
draußen
In winter it's cold outside.
Im Winter ist es draußen kalt.

---

over ['əʊvə] aus, vorbei
School is over
at half past three.
Die Schule ist um
halb vier aus.

P

packet ['pækɪt] Paket, Päckchen
I'd like a packet of chewing gum.
Ich hätte gern ein
Päckchen
Kaugummi.

---

paint [peɪnt] malen, bemalen
Papiti is painting
a picture.
Papiti malt ein Bild.

---

paintbox ['peɪntbɒks] Malkasten
How many colours
are in your paintbox?
Wie viele Farben
sind in deinem
Malkasten?

paintbrush ['peɪntbrʌʃ] Pinsel
I have a thin paintbrush.
Ich habe einen dünnen Pinsel.

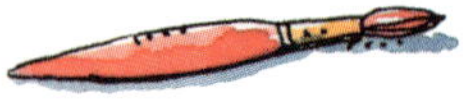

pants [pænts] Hose (Am.)
These are not my pants! They are daddy's!
Das ist nicht meine Hose! Sie gehört Papa!

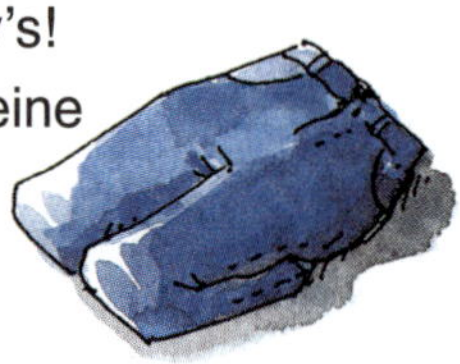

paper ['peɪpə] Papier
Please pick up that piece of paper from the floor.
Bitte heb das Stück Papier dort vom Boden auf.

parents ['peərənts] Eltern
These are my parents.
Das sind meine Eltern.

part [pɑːt] Teil
We have to put the parts together.
Wir müssen die Teile zusammensetzen.

pass [pɑːs] reichen
Could you pass the bread, please?
Kannst du mir bitte das Brot reichen?

pavement ['peɪvmənt] Gehweg (Brit.)
Walk on the pavement, Tim!
Geh auf dem Gehweg, Tim!

pay [peɪ] bezahlen
In England you have to pay in pounds and pence.
In England muss man mit Pfund und Pence bezahlen.

pea [piː] Erbse
I like peas and carrots.
Ich mag gerne Erbsen und Karotten.

peach [piːtʃ] Pfirsich
Tom is eating a peach.
Tom isst einen Pfirsich.

pear [peə] Birne
These **pears** are very sweet.
Diese Birnen sind sehr süß.

---

pen [pen] Stift, Füller
Can you give me your **pen**?
Kannst du mir deinen Stift geben?

---

pence [pents] Pence, p
These tomatoes are 90 **pence**.
Diese Tomaten kosten 90 Pence.

---

pencil ['pensəl] Bleistift
Where's my **pencil**?
– It's in your pencil-case.
Wo ist mein Bleistift?
– In deinem Mäppchen.

---

pencil-case ['pensəl keɪs] Mäppchen
Please put all your pens into your **pencil-case**.
Tu bitte all deine Stifte in dein Mäppchen.

penguin ['peŋgwɪn] Pinguin
Penguins live on the ice.
Pinguine leben auf dem Eis.

---

people ['pi:pl] Leute
Many **people** visited the circus.
Viele Leute haben den Zirkus besucht.

---

pet [pet] Haustier
Have you got any **pets**?
Hast du irgendwelche Haustiere?

Pets – Haustiere

dog – Hund
cat – Katze
fish – Fische
canary – Kanarienvogel
guinea-pig – Meerschweinchen
rabbit – Kaninchen
rat – Ratte
hamster – Hamster
budgie – Wellensittich

phone [fəʊn] Telefon
Who's on the phone?
Wer ist am Telefon?

phone number [fəʊn ˈnʌmbə]
Telefonnummer
What's your phone number?
Was ist deine Telefonnummer?

piano [pɪˈænəʊ] Klavier
I can play the piano.
Ich kann Klavier spielen.

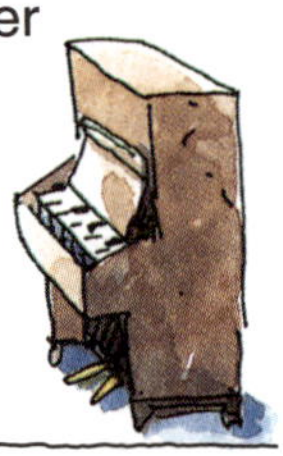

pick [pɪk] pflücken
In autumn we pick the apples from the trees.
Im Herbst pflücken wir die Äpfel von den Bäumen.

pick up [pɪk ʌp] aufheben
Please pick up that paper from the floor.
Bitte heb das Papier vom Boden auf.

picture [ˈpɪktʃə] Bild
Can you draw me a picture?
Kannst du mir ein Bild malen?

piece [piːs] Stück
I'd like two pieces of cake, please.
Ich möchte bitte zwei Stücke Kuchen.

pig [pɪg] Schwein
This pig is very dirty.
Dieses Schwein ist sehr schmutzig.

pink [pɪŋk] rosa
We have a pink lamp in our kitchen.
Wir haben eine rosa Lampe in der Küche.

plane [pleɪn] Flugzeug
This year we go by plane to America.
Dieses Jahr fliegen wir mit dem Flugzeug nach Amerika.

plant [plaːnt] Pflanze
I have many plants in my room.
Ich habe viele Pflanzen in meinem Zimmer.

plate [pleɪt] Teller
This plate is too small for my pizza.
Dieser Teller ist zu klein für meine Pizza.

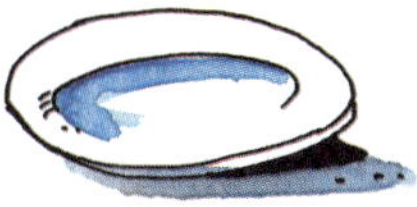

play [pleɪ] spielen
Let's play hide-and-seek.
Lasst uns Verstecken spielen.

playground ['pleɪgraʊnd] Spielplatz, Schulhof
Let's play in the playground.
Lasst uns auf dem Spielplatz spielen.

please [pliːz] bitte
Could you pass the butter, please?
Könntest du mir bitte die Butter reichen?

plough [plaʊ] Pflug
Look, there's a tractor with a plough.
Guck mal, da ist ein Traktor mit Pflug.

p.m. [piː 'em] nachmittags (bei Uhrzeiten)
My train goes at 3 p.m.
Mein Zug fährt um 3 Uhr nachmittags.

policeman [pə'liːsmən] Polizist
There's a policeman on the crossroads.
Da ist ein Polizist auf der Kreuzung.

poor [pʊə] arm
Poor Papiti! His tummy hurts.
Armer Papiti! Sein Bauch tut weh.

port [pɔːt] Hafen
Hamburg has a big port.
Hamburg hat einen großen Hafen.

postman ['pəʊstmən] Postbote, Briefträger
My dog doesn't like the postman.
Mein Hund mag den Briefträger nicht.

potato [pə'teɪtəʊ] Kartoffel
20 pounds of potatoes, please.
20 Pfund Kartoffeln bitte.

pound [paʊnd] Pfund, £ (englisches Geld)
In England you pay with pounds and pence.
In England zahlt man mit Pfund und Pence.

pound [paʊnd] Pfund (Gewicht)
I'd like a pound of tomatoes, please.
Ich hätte gern ein Pfund Tomaten.

present ['prezənt] Geschenk
Did you get nice presents for your birthday?
Hast du schöne Geschenke zum Geburtstag bekommen?

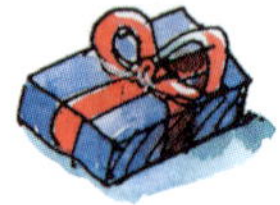

proud [praʊd] stolz
I'm very proud of you.
Ich bin sehr stolz auf dich.

pull [pʊl] ziehen
Pull here to open the window.
Zieh hier, um das Fenster zu öffnen.

pumpkin ['pʌmpkɪn] Kürbis
Mom has bought a pumpkin for Halloween.
Mama hat einen Kürbis für Halloween gekauft.

pupil ['pju:pəl] Schüler(in)
We have 300 pupils at our school.
Wir haben 300 Schüler an unserer Schule.

purple ['pɜːpl] purpurrot, violett
Kings wear purple coats.
Könige tragen purpurrote Mäntel.

purse [pɜːs] Portmonee
Take your purse when you go into town.
Nimm dein Portmonee mit, wenn du in die Stadt gehst.

push [pʊʃ] schieben
Don't push when you go into your classroom.
Schiebt nicht, wenn ihr in die Klasse geht.

put [pʊt] legen, stellen
Please put the book into the bookcase.
Stell das Buch bitte ins Regal.

put on ['pʊt ɒn] anziehen
Ben is putting his new jeans on.
Ben zieht seine neue Jeans an.

pyjamas [prˈdʒɑːməz] Schlafanzug
Put on your pyjamas when you go to bed.
Zieh deinen Schlafanzug an, wenn du ins Bett gehst.

Q

quarter ['kwɔːtə] Viertel
It's a quarter to eight.
Es ist viertel vor acht.

queen [kwiːn] Königin
England has a queen.
England hat eine Königin.

question ['kwestʃən] Frage
Who can answer this question?
Wer kann diese Frage beantworten?

quiet ['kwaɪət] ruhig, leise
"Be quiet, please," the teacher says.
„Seid bitte leise," sagt die Lehrerin.

A B C D E F G H I J K L M N O P Q R S T U V W XY Z

R

rabbit ['ræbɪt] Kaninchen
Rabbits eat carrots.
Kaninchen fressen Karotten.

radio ['reɪdiəʊ] Radio
What's on the radio tonight?
Was kommt heute Abend im Radio?

rain [reɪn] Regen
Doris went out in the rain without a coat.
Doris ging ohne Mantel hinaus in den Regen.

rain [reɪn] regnen
It's raining.
Es regnet.

raincoat ['reɪnkəʊt]
Regenmantel, Regenjacke
Take your raincoat, Jane. It's raining.
Nimm deine Regenjacke, Jane. Es regnet.

rainy ['reɪni] regnerisch
It looks rainy outside.
Es sieht draußen regnerisch aus.

ran [ræn] rannte
→ run
Anne ran so fast that she fell on her knees.
Anne rannte so schnell, dass sie auf die Knie fiel.

rat [ræt] Ratte
My mother doesn't like my rat.
Meine Mutter mag meine Ratte nicht.

read [riːd] lesen
Can you already read and write?
Kannst du schon lesen und schreiben?

red [red] rot
Roses are red.
Rosen sind rot.

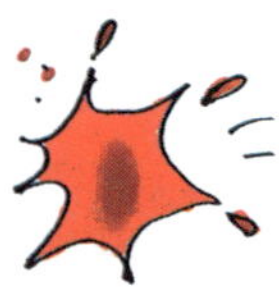

repeat [rɪ'piːt] wiederholen
Could you please repeat the question?
Könnten Sie bitte die Frage wiederholen?

rice [raɪs] Reis

Do you like rice with your fish fingers?
Magst du Reis zu deinen Fischstäbchen?

ride [raɪd] reiten, fahren
Ben is riding his bike.
Ben fährt Fahrrad.

right [raɪt] rechts

Turn right at the traffic lights.
Bieg an der Ampel rechts ab.

right [raɪt] richtig
What is right and what is wrong?
Was ist richtig und was ist falsch?

road [rəʊd] Straße (auf dem Lande)

There's an old man on the road.
Da ist ein alter Mann auf der Straße.

rode [rəʊd] ritt, fuhr
→ ride
Ben rode his new bike.
Ben fuhr mit seinem neuen Fahrrad.

roll [rəʊl] Brötchen, Semmel

Every morning we buy rolls for our breakfast.
Jeden Morgen kaufen wir Brötchen zum Frühstück.

roller-skate ['rəʊlə skeɪt] Rollschuh laufen
Let's roller-skate in the park.
Lasst uns im Park Rollschuh laufen.

A B C D E F G H I J K L M N O P Q R S T U V W XY Z

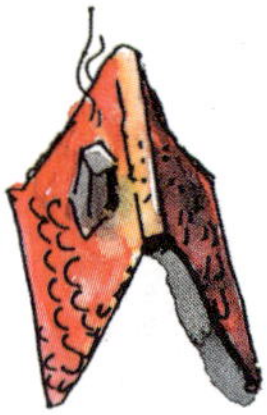

roof [ruːf] Dach
There's a house with a red roof in our street.
In unserer Straße gibt es ein Haus mit einem roten Dach.

room [ruːm] Zimmer
This is my room.
Das ist mein Zimmer.

rose [rəʊz] Rose
Roses are red.
Rosen sind rot.

round [raʊnd] rund
Mike has a round face.
Mike hat ein rundes Gesicht.

roundabout [ˈraʊndəbaʊt] Kreisverkehr
In England there are many roundabouts.
In England gibt es viel Kreisverkehr.

rubber [ˈrʌbə] Radiergummi
Don't write on your rubber.
Schreib nicht auf dein Radiergummi.

ruler [ˈruːlə] Lineal
Can you give me your ruler, please?
Kannst du mir bitte dein Lineal geben?

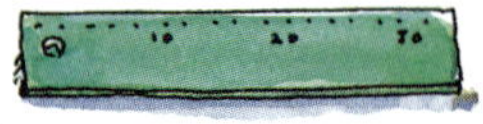

run [rʌn] rennen
Anne runs very fast.
Anne rennt sehr schnell.

S

sad [sæd] traurig
Anne is sad because she can't find her teddy.
Anne ist traurig, weil sie ihren Teddy nicht finden kann.

said [sæd] sagte, gesagt
➔ say
My mother said:
"Don't run too fast!"
Meine Mutter sagte:
„Renn nicht zu schnell!"

salad ['sæləd] Salat

I like fish with salad.
Ich mag Fisch mit Salat.

salt [sɔːlt] Salz
Is this salt or sugar?
Ist das Salz oder Zucker?

---

sand [sænd] Sand

Children like playing in the sand.
Kinder spielen gerne im Sand.

---

sandals ['sændəlz] Sandalen
We have to buy new sandals for the summer.
Wir müssen neue Sandalen für den Sommer kaufen.

---

sandcastle ['sændkaːsl]
Sandburg
Ben is building a sandcastle.
Ben baut eine Sandburg.

sandwich ['sændwɪdʒ]
Butterbrot, belegtes Brot

Peter likes ham in his sandwich.
Peter mag gerne Schinken auf seinem Butterbrot.

---

sang [sæŋ] sang
→ sing
Yesterday Karen sang a nice song.
Gestern sang Karen ein schönes Lied.

---

sat [sæt] saß, gesessen
→ sit
The cat sat on the fence.
Die Katze saß auf dem Zaun.

Saturday ['sætədeɪ] Samstag
→ Days of the Week. S. 31.

---

sausage ['sɒsɪdʒ] Würstchen, Wurst

Many children like sausages with ketchup.
Viele Kinder mögen Würstchen mit Ketchup.

A B C D E F G H I J K L M N O P Q R S T U V W XY Z

saw [sɔː] sah
→ see
Yesterday I saw Fiona's dog at school.
Gestern sah ich Fionas Hund in der Schule.

---

say [seɪ] sagen
My mother always says: "Television is bad for your eyes."
Meine Mutter sagt immer: „Fernsehen ist schlecht für deine Augen."

scarf [skɑːf] Schal
Take your scarf, it's cold outside.
Nimm deinen Schal, es ist draußen kalt.

---

school [skuːl] Schule
Do you like going to school?
Gehst du gerne zur Schule?

schoolbag ['skuːlbæg] Schultasche
This schoolbag is too heavy for you.
Diese Schultasche ist zu schwer für dich.

---

scissors ['sɪzəz] Schere
Can you give me your scissors, please? I have to cut this paper.
Kannst du mir bitte deine Schere geben? Ich muss dieses Papier schneiden.

---

scooter ['skuːtə] Roller
My brother has a new scooter.
Mein Bruder hat einen neuen Roller.

---

sea [siː] Meer
In Spain the sea is very blue.
In Spanien ist das Meer sehr blau.

---

seaside ['siːsaɪd]
Meeresküste, Meer
I like holidays at the seaside.
Ich mag Urlaub am Meer.

season ['siːzən] Jahreszeit
Summer is my favourite season.
Der Sommer ist meine Lieblingsjahreszeit.

second ['sekənd] Sekunde
A minute has 60 seconds.
Eine Minute hat 60 Sekunden.

see [siː] sehen
Can you see me?
Kannst du mich sehen?

sell [sel] verkaufen
Do you sell sweets?
Verkaufen Sie Süßigkeiten?

send [send] schicken, senden
I will send you a birthday card.
Ich werde dir eine Geburtstagskarte schicken.

sentence ['sentənts] Satz
Can you please answer in a full sentence?
Kannst du bitte im ganzen Satz antworten?

September [sep'tembə] September
September is a good month for holidays.
September ist ein guter Urlaubsmonat.

she [ʃiː] sie
This is Kate. She is six years old.
Das ist Kate. Sie ist sechs Jahre alt.

sheep [ʃiːp] Schaf
There are three sheep on the farm.
Es gibt drei Schafe auf dem Bauernhof.

ship [ʃɪp] Schiff
There's a ship on the sea.
Da ist ein Schiff auf dem Meer.

shirt [ʃɜːt] Hemd
Sam puts on a clean shirt.
Sam zieht ein sauberes Hemd an.

short [ʃɔːt] kurz
This sock is short.
Diese Socke ist kurz.

shoes [ʃuːz] Schuhe
Pippi Longstocking's shoes are too big for her feet.
Pippi Langstrumpfs Schuhe sind zu groß für ihre Füße.

shorts [ʃɔːts] kurze Hose
Take your shorts with you on your holiday.
Nimm deine kurze Hose in den Urlaub mit.

shop [ʃɒp] Geschäft, Laden
Let's go to the toy shop.
Lasst uns ins Spielwaren-geschäft gehen.

shout [ʃaʊt] rufen, schreien
Don't shout in the classroom.
Schrei nicht in der Klasse!

shopping centre ['ʃɒpɪŋ sentə] Einkaufszentrum
Our town will get a new shopping centre.
Unsere Stadt bekommt ein neues Einkaufszentrum.

show [ʃəʊ] zeigen
Show me your homework, please.
Zeig mir bitte deine Hausaufgaben.

shut [ʃʌt] schließen, zumachen
Shut the door, please.
Mach bitte die Tür zu.

shy [ʃaɪ] scheu, schüchtern
Our cat is very shy.
Unsere Katze ist sehr scheu.

sick [sɪk] übel
I've eaten too many sweets. Now I'm sick.
Ich habe zu viele Bonbons gegessen. Jetzt ist mir übel.

sidewalk ['saɪdwɔːk] Gehweg (Am.)
Walk on the sidewalk, Ben!
Geh auf dem Gehweg, Ben!

sing [sɪŋ] singen, vorsingen
Can you sing me a song?
Kannst du mir ein Lied vorsingen?

sister ['sɪstə] Schwester
This is my little sister Jane.
Das ist meine kleine Schwester Jane.

sit [sɪt] sitzen
Do you want to sit on a chair or on the sofa?
Möchtest du auf dem Stuhl oder auf dem Sofa sitzen?

sit down [sɪt 'daʊn] hinsetzen
Sit down, children.
Setzt euch hin, Kinder.

ski [skiː] Ski fahren
The Wilsons like skiing in winter.
Die Wilsons fahren im Winter gerne Ski.

skipping rope ['skɪpɪŋ rəʊp] Springseil
This skipping rope is too long for me.
Dieses Springseil ist zu lang für mich.

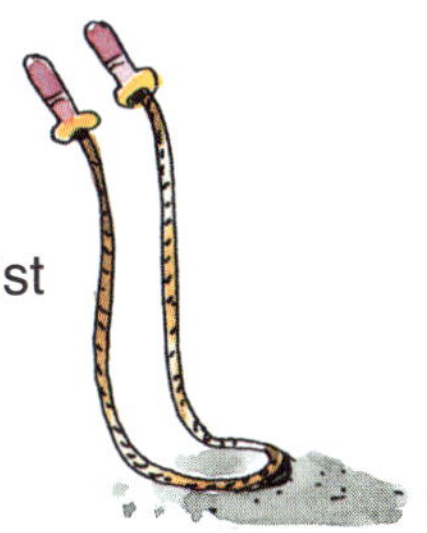

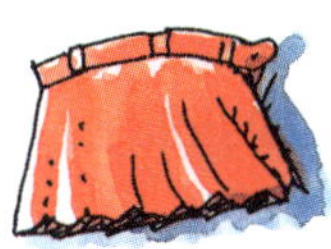

skirt [skɜːt] Rock
Laura likes skirts.
Laura mag Röcke.

A B C D E F G H I J K L M N O P Q R S T U V W XY Z

sky [skaɪ] Himmel
Look at the sky.
The clouds are dark.
Guck dir den Himmel an.
Die Wolken sind dunkel.

sleep [sliːp] schlafen
I'm tired. I want to sleep.
Ich bin müde. Ich will schlafen.

slice [slaɪs] Scheibe
Ben eats four slices of bread for breakfast.
Ben isst vier Scheiben Brot zum Frühstück.

slide [slaɪd] Rutsche
There's a new slide in our playground.
Es gibt eine neue Rutsche auf unserem Spielplatz.

slow [sləʊ] langsam
Why are you so slow?
Warum bist du so langsam?

small [smɔːl] klein
That hat is too small.
Der Hut ist zu klein.

smile [smaɪl] lächeln
Susan smiled at me.
Susan lächelte mich an.

snake [sneɪk] Schlange
My mother doesn't like my snake.
Meine Mutter mag meine Schlange nicht.

snorkel ['snɔːkəl] Schnorchel
Take a mask and snorkel to the beach.
Nimm Taucherbrille und Schnorchel mit zum Strand.

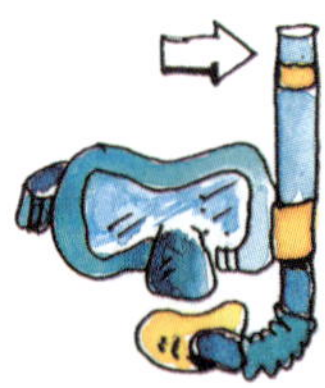

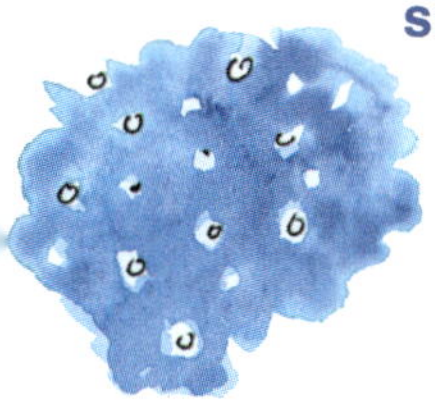

snow [snəʊ] schneien
Look outside, it's snowing!
Guck mal nach draußen, es schneit!

snow [snəʊ] Schnee

In winter we get a lot of snow.
Im Winter gibt es bei uns viel Schnee.

snowball ['snəʊbɔːl] Schneeball
Don´t throw that snowball at me!
Wirf den Schneeball nicht auf mich!

snowman ['snəʊmæn] Schneeman
The snowman has a long nose.
Der Schneemann hat eine lange Nase.

so [səʊ] so
Why are you so slow?
Warum bist du so langsam?

sock [sɒk] Socke
There's a hole in my sock.
Da ist ein Loch in meiner Socke.

sofa ['səʊfə] Sofa
Don't jump on the sofa!
Spring nicht auf dem Sofa herum!

soft [sɒft] weich
My bed is so soft!
Mein Bett ist so weich!

sold [səʊld] verkaufte, verkauft
→ sell
Yesterday we sold our old car.
Gestern haben wir unser altes Auto verkauft.

some [sʌm] einige
Some children are ill today.
Einige Kinder sind heute krank.

A B C D E F G H I J K L M N O P Q R S T U V W XY Z

somebody ['sʌmbədi] jemand
There is somebody at the door.
Da ist jemand an der Tür.

something ['sʌmθɪŋ] etwas
There's something on the floor.
Da liegt etwas auf dem Boden.

sometimes ['sʌmtaɪmz] manchmal
My mother sometimes looks tired.
Meine Mutter sieht manchmal müde aus.

son [sʌn] Sohn
The Aldersons have two sons.
Die Aldersons haben zwei Söhne.

song [sɒŋ] Lied
Can you sing me a song?
Kannst du mir ein Lied vorsingen?

soon [suːn] bald
Come home soon, Kevin!
Komm bald nach Hause, Kevin!

sorry ['sɒri] Entschuldigung, tut mir leid
Sorry, but this glass is broken.
Tut mir leid, aber dieses Glas ist kaputt.

sour ['saʊə] sauer
I don't like this apple. It's too sour.
Ich mag diesen Apfel nicht. Er ist zu sauer.

south [saʊθ] Süden
London is in the south of England.
London ist im Süden von England.

spade [speɪd] Schaufel
Take your bucket and spade to the beach.
Nimm Eimer und Schaufel mit zum Strand.

Spain [speɪn] Spanien
Spain is a nice country for holidays.
Spanien ist ein schönes Urlaubsland.

Spanish ['spænɪʃ] spanisch
This is the Spanish flag.
Das ist die spanische Flagge.

---

speak [spiːk] sprechen
Do you speak English?
Sprichst du Englisch?

---

spoke [spəʊk] sprach
→ speak
My teacher spoke to my parents.
Mein Lehrer sprach mit meinen Eltern.

---

spoon [spuːn] Löffel
Can I have a spoon for my ice cream, please?
Kann ich bitte einen Löffel für mein Eis haben?

sport [spɔːt] Sport
Helen likes sport.
Helen mag gerne Sport.

Sports – Sport(arten)
hockey – Hockey
ice hockey – Eishockey
ice-skating – Schlittschuh laufen
surfing – Surfen
skiing – Ski fahren
swimming – Schwimmen
sailing – Segeln

→ Hobbies S. 49,
Ball Games S. 13

spring [sprɪŋ] Frühling
Spring begins in March.
Der Frühling beginnt im März.

stairs [steəz] Treppe
Don't run down the stairs so fast.
Renn die Treppe nicht so schnell herunter.

stand [stænd] stehen
John is standing on his chair.
John steht auf seinem Stuhl.

stand up [stænd 'ʌp] aufstehen
Stand up, children!
We are going outside.
Steht auf, Kinder!
Wir gehen nach draußen.

star [stɑː] Stern
You can see the stars at night.
Du kannst nachts die Sterne sehen.

station ['steɪʃən] Bahnhof
Can you tell me the way to the station?
Kannst du mir den Weg zum Bahnhof erklären?

stop [stɒp] anhalten, aufhören
The train stopped at the station.
Der Zug hielt am Bahnhof an.

story ['stɔːri] Geschichte
My grandfather likes to tell us stories.
Mein Großvater erzählt uns gerne Geschichten.

Story – Geschichte

princess – Prinzessin
king – König
knight – Ritter
monster – Monster
broomstick – Besenstiel
witch – Hexe
wizard – Zauberer
once upon a time – es war einmal
fairy – Fee
fairy tale – Märchen
dragon – Drachen

straight [streɪt] geradeaus
Go straight and then turn left.
Gehen Sie geradeaus und biegen Sie dann nach links ab.

strawberry ['strɔːbəri] Erdbeere
Mary likes ice cream with strawberries.
Mary mag gerne Eis mit Erdbeeren.

street [striːt] Straße (in der Stadt)
There's an old man on the street.
Da ist ein alter Mann auf der Straße.

strong [strɒŋ] stark
Pippi Longstocking is very strong.
Pippi Langstrumpf ist sehr stark.

sugar ['ʃʊgə] Zucker
Is this salt or sugar?
Ist das Salz oder Zucker?

suitcase ['suːtkeɪs] Koffer
Put your book into the suitcase.
Leg dein Buch in den Koffer.

summer ['sʌmə] Sommer
Summer is my favourite season.
Der Sommer ist meine Lieblingsjahreszeit.

sun [sʌn] Sonne
The sun is very hot today.
Die Sonne ist heute sehr heiß.

Sunday ['sʌndeɪ] Sonntag
→ Days of the Week S. 31.

sunglasses ['sʌnglaːsɪz] Sonnenbrille
Take your sunglasses to the beach.
Nimm deine Sonnenbrille mit zum Strand.

sunny ['sʌni] sonnig
It's sunny outside.
Es ist draußen sonnig.

supermarket ['su:pəma:kɪt] Supermarkt
We live near the supermarket.
Wir wohnen in der Nähe des Supermarkts.

supper ['sʌpə] Abendessen
Would you like a sandwich for supper?
Möchtest du ein Butterbrot zum Abendessen?

surprised [sə'praɪzd] überrascht
My mother was surprised about the flowers.
Meine Mutter war über die Blumen überrascht.

swam [swæm] schwamm
→ swim
Yesterday I swam in the sea.
Gestern schwamm ich im Meer.

sweet [swi:t] süß
Sugar is sweet.
Zucker ist süß.

Sweets – Süßigkeiten
chewing gum – Kaugummi
popcorn – Popcorn
jelly babies – Gummibärchen
chocolate – Schokolade
sweet – Bonbon
toffees – Toffees, Karamellbonbons
lollipop – Lutscher
biscuits – Kekse

sweets [swiːts]
Bonbons, Süßigkeiten

Sweets are not good for your teeth.
Süßigkeiten sind nicht gut für die Zähne.

---

swim [swɪm] schwimmen

Can you swim?
Kannst du schwimmen?

---

swimming costume ['swɪmɪŋ kɒstjuːm] Badeanzug (Brit.)

Take your swimming costume to the beach.
Nimm deinen Badeanzug mit zum Strand.

---

swimming pool ['swɪmɪŋ puːl]
Schwimmbecken

We have a swimming pool in our garden.
Wir haben einen Swimming-pool im Garten.

swim suit ['swɪm suːt]
Badeanzug (Am.)

I have a pink swim suit.
Ich habe einen rosa Badeanzug.

---

swing [swɪŋ] Schaukel

There is a new swing in our playground.
Es gibt eine neue Schaukel auf unserem Spielplatz.

---

swing [swɪŋ] schaukeln

Ben likes swinging.
Ben schaukelt gerne.

T

table ['teɪbl] Tisch

Don't sit on the table!
Sitz nicht auf dem Tisch!

---

table-tennis ['teɪbl tenɪs]
Tischtennis

Can you play table-tennis?
Kannst du Tischtennis spielen?

take [teɪk] (mit)nehmen
Take your sunglasses to the beach.
Nimm deine Sonnenbrille mit zum Strand.

talk [tɔːk] sprechen
Don't talk with your mouth full.
Sprich nicht mit vollem Mund.

tall [tɔːl] groß
My brother is very tall.
Mein Bruder ist sehr groß.

taxi ['tæksi] Taxi
We took a taxi to the airport.
Wir haben ein Taxi zum Flughafen genommen.

tea [tiː] Tee
Many English people like tea.
Viele Engländer mögen gerne Tee.

teacher ['tiːtʃə] Lehrer(in)
Our teacher's name is Mrs Smith.
Unsere Lehrerin heißt Frau Smith.

teddy bear ['tedi beə] Teddybär
Ben is sad because he can't find his teddy bear.
Ben ist traurig, weil er seinen Teddybären nicht finden kann.

teeth [tiːθ] Zähne

You have to brush your teeth before you go to bed.
Du musst deine Zähne putzen, bevor du ins Bett gehst.

telephone ['telɪfəʊn] Telefon

Have you got a telephone?
Haben Sie ein Telefon?

telephone box ['telɪfəʊn bɒks] Telefonzelle

In England many telephone boxes are red.

In England sind viele Telefonzellen rot.

tell [tel] erzählen

My grandfather likes telling stories about kings and queens.

Mein Großvater erzählt gerne Geschichten über Könige und Königinnen.

television ['telɪvɪʒn] Fernsehen

What's on television tonight?

Was läuft heute Abend im Fernsehen?

thanks [θæŋks] danke

Here's your ball. – Thanks.

Hier ist dein Ball. – Danke.

thank you ['θæŋk ju] danke (schön)

Here is your exercise book. – Thank you.

Hier ist dein Heft.

– Danke schön.

Thanksgiving – Erntedankfest

Thanksgiving feiert man in in den USA am 4. Donnerstag im November. Anders als in Deutschland ist das Erntedankfest ein großer Familienfesttag mit traditionellem Truthahnessen. Auch ein Füllhorn (eine Schüssel geformt wie ein Horn) voller Obst, Blumen und Kornähren als Zeichen des Überflusses darf nicht fehlen. An diesem Tag erinnert man sich an die ersten Siedler, die von Hunger bedroht waren und Gott für eine gute Ernte dankten.

A B C D E F G H I J K L M N O P Q R S T U V W XY Z

thank you very much
[θæŋk ju veri ˈmʌtʃ]
vielen Dank

Here is your exercise book.
– Thank you very much.
Hier ist dein Heft.
– Vielen Dank.

---

that [ðæt] der, die, das (da), dass

Can you give me that pencil?
Kannst du mir den Bleistift da geben?

---

the [ðə] der, die, das

I can see the boat on the lake.
Ich kann das Boot auf dem See sehen.

---

their [ðeə] ihr

The children took their schoolbags.
Die Kinder nahmen ihre Schultaschen.

---

them [ðem] sie (Mehrzahl)

There are the ducks!
I can see them.
Da sind die Enten! Ich kann sie sehen.

then [ðen] dann

I get up at 7 o'clock. Then I have breakfast.
Ich stehe um 7 Uhr auf. Dann frühstücke ich.

---

there [ðeə] da, dort

There's a tree in front of our house.
Da steht ein Baum vor unserem Haus.

---

these [ðiːz] diese

Do you know these people?
Kennst du diese Leute?

---

they [ðeɪ] sie (Mehrzahl)

These are the Smiths. They are nice people.
Das sind die Smiths. Sie sind nette Leute.

thin [θɪn] dünn

Your dog is very thin.
Euer Hund ist sehr dünn.

thing [θɪŋ] Ding
What is that green thing there on the table?
Was ist das grüne Ding da auf dem Tisch?

this [ðɪs] dies, das
This is my friend Jim.
Das ist mein Freund Jim.

threw [θruː] warf
→ throw
Sarah threw the ball through the window.
Sarah warf den Ball durchs Fenster.

through [θruː] durch
Sarah threw the ball through the window.
Sarah warf den Ball durchs Fenster.

throw [θrəʊ] werfen
Throw the ball to me.
Wirf mir den Ball zu.

Thursday ['θɜːzdeɪ] Donnerstag
→ Days of the Week S. 31.

tiger ['taɪgə] Tiger
There is a tiger in our zoo.
Es gibt einen Tiger in unserem Zoo.

tights [taɪts] Strumpfhose
Put on your tights.
Zieh deine Strumpfhose an.

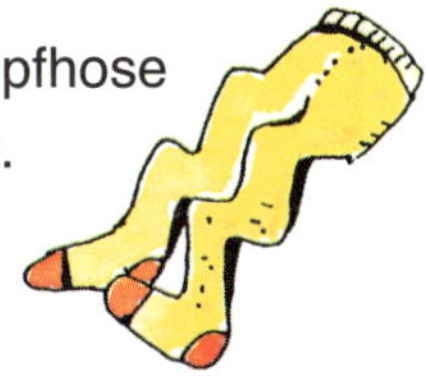

till [tɪl] Kasse → cash register

time [taɪm] Zeit
What's the time?
Wie viel Uhr ist es?

timetable ['taɪmteɪbl]
Stundenplan
Today we got a new timetable at school.
Heute haben wir in der Schule einen neuen Stundenplan bekommen.

tin [tɪn] Dose
You can buy soup in tins.
Man kann Suppe in der Dose kaufen.

A B C D E F G H I J K L M N O P Q R S T U V W XY Z

tired [taɪəd] müde
I'm tired.
I want to sleep.
Ich bin müde.
Ich will schlafen.

to [tu] zu, nach
Is this the train to London?
Ist das der Zug nach London?

toast [təʊst] Toast
I like honey on my toast.
Ich mag gerne Honig auf meinem Toast.

today [tə'deɪ] heute
Frank is ill today.
Frank ist heute krank.

toe [təʊ] Zeh
A foot has five toes.
Ein Fuß hat fünf Zehen.

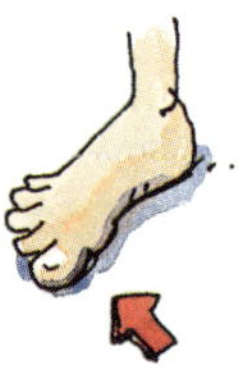

together [tə'geðə] zusammen
Let's play together.
Lasst uns zusammen spielen.

toilet ['tɔɪlət]
Toilette
I have to go to the toilet.
Ich muss zur Toilette gehen.

tomato [tə'mɑːtəʊ] Tomate
I'd like a pound of tomatoes, please.
Ich möchte gerne ein Pfund Tomaten.

tonight [tə'naɪt] heute Abend
What's on television tonight?
Was ist heute Abend im Fernsehen?

too [tuː] zu, auch
Peter is too young to go to school.
Peter ist zu jung, um in die Schule zu gehen.

A B C D E F G H I J K L M N O P Q R S T U V W XY Z

took [tʊk] nahm → take
She took her pen and began to write.
Sie nahm ihren Stift und begann zu schreiben.

tooth [tuːθ] Zahn
Peter has a bad tooth.
Peter hat einen schlechten Zahn.

toothpaste ['tuːθpeɪst] Zahnpasta
We have to buy new toothpaste.
Wir müssen neue Zahnpasta kaufen.

to the left [tu ðə 'left] nach links
Go to the left and then turn right.
Geh nach links und dann bieg rechts ab.

to the right [tu ðə 'raɪt] nach rechts
Go to the right and then turn left.
Geh nach rechts und dann bieg links ab.

town [taʊn] Stadt
My mother goes to town today.
Meine Mutter fährt heute in die Stadt.

toys [tɔɪz] Spielsachen
John has a lot of toys.
John hat viele Spielsachen.

tractor ['træktə] Traktor
Look, there's a tractor.
Guck mal, da ist ein Traktor.

traffic ['træfɪk] Verkehr
In London there's a lot of traffic in the streets.
In London ist viel Verkehr auf den Straßen.

traffic lights ['træfɪk laɪts] Ampel
The traffic lights are green.
Die Ampel ist grün.

traffic sign ['træfɪk saɪn]
Verkehrsschild
Do you know this traffic sign?
Kennst du dieses Verkehrsschild?

trolley ['trɒli] Einkaufswagen
Put the apples into the trolley.
Leg die Äpfel in den Einkaufswagen.

train [treɪn] Zug, Eisenbahn
My train goes at 10 a.m.
Mein Zug fährt um 10 Uhr morgens.

trousers ['traʊzəz] Hose (Brit.)
These are not my trousers!
They are daddy's!
Das ist nicht meine Hose! Sie gehört Papa!

trainers ['treɪnəz] Turnschuhe
You have to wear trainers for sports.
Man muss zum Sport Turnschuhe tragen.

truck [trʌk] LKW, Lastwagen (Am.)
There's a big truck behind us.
Da ist ein großer Lastwagen hinter uns.

tree [triː] Baum
There's a big tree in front of our house.
Vor unserem Haus steht ein großer Baum.

trunks [trʌŋks] Badehose
Take your trunks to the beach.
Nimm deine Badehose mit zum Strand.

Tuesday ['tjuːzdeɪ] Dienstag
→ Days of the Week S. 31.

tummy ['tʌmi] Bauch
My tummy hurts.
Mein Bauch tut weh.

---

turn [tɜːn] abbiegen, werden
Turn left at the traffic lights.
Biegen Sie an der Ampel links ab.

turn [tɜːn]
It's your turn!
Du bist dran!

---

turn round [tɜːn 'raʊnd] sich umdrehen
Sally turned round and ran away.
Sally drehte sich um und rannte weg.

TV [tiː'vi] Fernsehen
What's on TV tonight?
Was ist heute Abend im Fernsehen?

U

umbrella [ʌm'brelə]
Regenschirm
Take your umbrella, it's raining.
Nimm deinen Regenschirm mit, es regnet.

uncle ['ʌŋkl] Onkel
My mother's brother is my uncle.
Der Bruder meiner Mutter ist mein Onkel.

---

under ['ʌndə] unter
The cat is sitting under the table.
Die Katze sitzt unter dem Tisch.

---

underground ['ʌndəgraʊnd]
U-Bahn
Take the underground to the Tower.
Nimm die U-Bahn zum Tower.

A B C D E F G H I J K L M N O P Q R S T U V W XY Z

up [ʌp] hoch, oben
John is climbing up that tree!
John klettert den Baum hoch!

upstairs [ʌp'steəz] oben (im Haus)
Where's mum?
– She's upstairs.
Wo ist Mama?
– Sie ist oben.

V

vegetable(s) ['vedʒətəbl(z)] Gemüse
Vegetables are good for you.
Gemüse ist gut für dich.

very ['veri] sehr
My father is very tall.
Mein Vater ist sehr groß.

vest [vest] Unterhemd (Brit.)
Put on a vest under your t-shirt.
Zieh dir ein Unterhemd unter dem T-Shirt an.

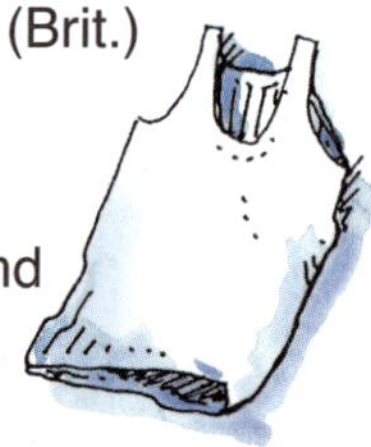

violin ['vaɪəlɪn] Geige
Can you play the violin?
Kannst du Geige spielen?

visit ['vɪzɪt] besuchen
Come and visit me this afternoon.
Komm und besuch mich heute Nachmittag.

Vegetables – Gemüse

lettuce – Blattsalat
cucumber – Gurke
carrots – Karotten
peas – Erbsen
beans – Bohnen
cauliflower – Blumenkohl

broccoli – Brokkoli
pepper– Paprika
cabbage – Kohl
onions – Zwiebeln
leek – Lauch, Porree
tomatoes – Tomaten

W

wait [weɪt] warten
Wait for me! I'll be ready soon.
Warte auf mich.
Ich bin gleich fertig.

wake up [weɪk 'ʌp] aufwachen
I wake up at 7 o'clock in the morning.
Ich wache um 7 Uhr morgens auf.

walk [wɔːk] laufen, gehen
We walked around the lake.
Wir sind um den See herumgelaufen.

wall [wɔːl] Wand
We have no picture on the wall.
Wir haben kein Bild an der Wand.

want to ['wɒnt tu] wollen
I want to have an ice cream.
Ich will ein Eis haben.

wardrobe ['wɔːdrəʊb] Schrank
Put your clothes into the wardrobe.
Leg deine Kleider in den Schrank.

warm [wɔːm] warm
Come into the water! It's warm.
Komm ins Wasser! Es ist warm.

wash [wɒʃ] waschen
Wash your hands before you eat.
Wasch deine Hände, bevor du isst.

watch [wɒtʃ] gucken, schauen
I want to watch television now.
Ich will jetzt Fernsehen gucken.

watch [wɒtʃ] Armbanduhr
This is my new watch.
Das ist meine neue Armbanduhr.

water ['wɔːtə] Wasser
Come into the water!
It's warm.
Komm ins Wasser!
Es ist warm.

way [weɪ] Weg
Can you tell me the way to the station?
Können Sie mir den Weg zum Bahnhof erklären?

we [wi] wir
Next week we will go on holiday.
Nächste Woche fahren wir in Urlaub.

weak [wiːk] schwach
Sarah is ill. She's too weak to walk.
Sarah ist krank.
Sie ist zu schwach zum Laufen.

wear [weə] tragen, anhaben
When it's cold I wear my warm vest.
Wenn es kalt ist, trage ich mein warmes Unterhemd.

weather ['weðə] Wetter
How is the weather today?
It's sunny.
Wie ist das Wetter heute?
Es ist sonnig.

Wednesday ['wenzdeɪ] Mittwoch
→ Days of the Week S. 31.

week [wiːk] Woche
Last week Tim got a new bike.
Letzte Woche hat Tim ein neues Fahrrad bekommen.

weekend [wiːk'end] Wochenende
What are you doing at the weekend?
Was machst du am Wochen-ende?

well [wel] gut
Sarah can swim very well.
Sarah kann gut schwimmen.

wellingtons, wellies ['welɪŋtənz, 'weliz] Gummistiefel
I'm wearing my wellies because it's raining.
Ich trage meine Gummistiefel, weil es regnet.

went [went] ging
→ go
Yesterday we went to the zoo.
Gestern gingen wir in den Zoo.

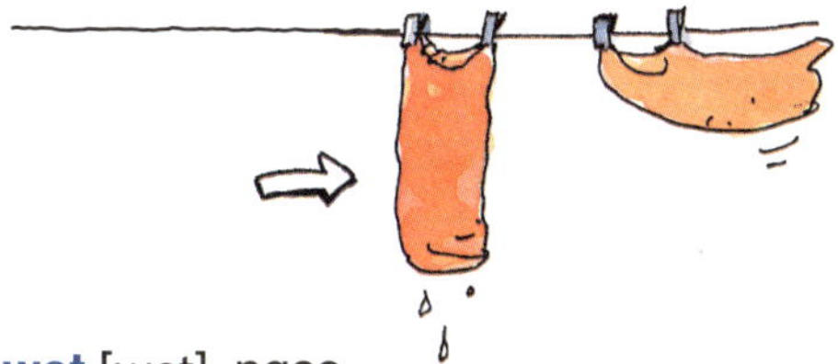

wet [wet] nass
My T-shirt is wet. Yours is already dry.
Mein T-Shirt ist nass. Deins ist schon trocken.

what [wɒt] was
What did you say?
Was hast du gesagt?

when [wen] wann, wenn, als
When will you come back?
Wann kommst du zurück?

where [weə] wo
Where is my bike?
Wo ist mein Fahrrad?

which [wɪtʃ] welche
Which drink would you like?
Welches Getränk möchtest du?

A B C D E F G H I J K L M N O P Q R S T U V W XY Z

white [waɪt] weiß
Snow is white.
Schnee ist weiß.

who [huː] wer
Who is on the phone?
Wer ist am Telefon?

why [waɪ] warum
Why does hair turn grey?
Warum werden Haare grau?

will [wɪl] werden
I will win this game.
Ich werde dieses Spiel gewinnen.

win [wɪn] gewinnen
Mike is first.
He always wins.
Mike ist Erster.
Er gewinnt immer.

wind [wɪnd] Wind
Listen! The wind is blowing.
Hör mal!
Der Wind pfeift.

window ['wɪndəʊ] Fenster
This house has many windows.
Dieses Haus hat viele Fenster.

windy ['wɪndi] windig
It's very windy today.
Es ist heute sehr windig.

winter ['wɪntə] Winter
In winter many birds fly south.
Im Winter fliegen viele Vögel in den Süden.

wish [wɪʃ] wünschen
I wish you a merry Christmas.
Ich wünsche dir frohe Weihnachten.

witch [wɪtʃ] Hexe
Bibi Blocksberg is a witch.
Bibi Blocksberg ist eine Hexe.

with [wɪð] mit
Do you like fish fingers with rice?
Magst du Fischstäbchen mit Reis?

without [wɪ'ðaʊt] ohne
Susan went to school without her pencil-case.
Susan ging ohne ihr Mäppchen zur Schule.

wizard ['wɪzəd] Zauberer
Do you know "The Wizard of Oz"?
Kennst du den „Zauberer von Oz"?

woke up [wəʊk 'ʌp] wachte auf
→ wake up
Yesterday I woke up at 9 o'clock in the morning.
Gestern wachte ich um 9 Uhr morgens auf.

woman ['wʊmən] Frau
The woman in the blue dress is my mother.
Die Frau im blauen Kleid ist meine Mutter.

women ['wɪmɪn] Frauen
→ woman
Many women don't like football.
Viele Frauen mögen kein Fußball.

won [wʌn] gewann, gewonnen
→ win
Mark has won.
Mark hat gewonnen.

wood [wʊd] Holz
This table is made of wood.
Dieser Tisch ist aus Holz.

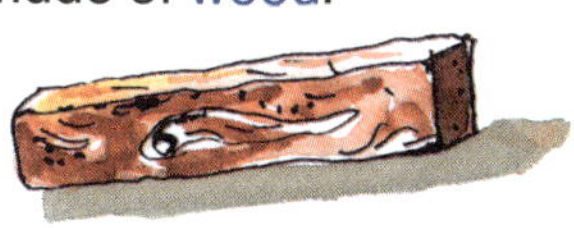

A B C D E F G H I J K L M N O P Q R S T U V W XY Z

word [wɜːd] Wort
How many letters has the word "goose"?
Wie viele Buchstaben hat das Wort „goose"?

---

work [wɜːk] Arbeit
Where's your dad?
– He's at work.
Wo ist dein Papa?
– Er ist bei der Arbeit.

---

work [wɜːk] arbeiten
My mother works in an office.
Meine Mutter arbeitet in einem Büro.

---

would [wʊd] würde
I would do that.
Ich würde das tun.

---

would you like? [wʊd ju 'laɪk] möchtest du?, möchten Sie?
Would you like an ice cream?
Möchtest du ein Eis?

---

write [raɪt] schreiben
Can you already read and write?
Kannst du schon lesen und schreiben?

---

wrong [rɒŋ] falsch
That's wrong.
Das ist falsch.

---

wrote [rəʊt] schrieb
→ write
Yesterday I wrote a letter to my grandma.
Gestern schrieb ich einen Brief an meine Oma.

Y

year [jɪə] Jahr
A year has twelve months.
Ein Jahr hat zwölf Monate.

A B C D E F G H I J K L M N O P Q R S T U V W XY Z

yellow ['jeləʊ] gelb
Our hen has ten yellow chicks.
Unsere Henne hat zehn gelbe Küken.

---

yes [jes] ja
Would you like an ice cream?
– Yes, please.
Möchtest du ein Eis? – Ja, bitte.

---

you [ju] du, Sie, man
Are you sleeping?
Schläfst du?

young [jʌŋ] jung
Tim is too young to go to school.
Tim ist zu jung, um zur Schule zu gehen.

---

your [jʊə] dein
Is that your little sister?
Ist das deine kleine Schwester?

you're welcome [jʊə 'welkəm]
bitte, gern geschehen
Thank you for your help.
– You're welcome.
Danke für Ihre Hilfe.
– Bitte, gern geschehen.

Z

zebra ['ziːbrə] Zebra
Zebras are black and white.
Zebras sind schwarz-weiß.

---

zoo [zuː] Zoo
There's a baby elephant in our zoo.
Es gibt ein Elefantenbaby in unserem Zoo.

A B C D E F G H I J K L M N O P Q R S T U V W XY Z

Glossar Deutsch-Englisch

A

abbiegen	turn
Abend	evening
Abendessen	supper
aber	but
acht	eight
achtzig	eighty
Affe	monkey
alle, alles	all
allein	alone
als	when
alt	old
Amerika	America
amerikanisch	American
Ampel	traffic lights
an	at
Ananas	pineapple
anfangen	begin
anhaben	wear
anhalten	stop
antworten	answer
anziehen	put on
Apfel	apple
Apfelsine	orange
April	April
Arbeit	work
arbeiten	work
Arm	arm
arm	poor
Armbanduhr	watch
auch	too
auf	on
aufheben	pick up
aufhören	stop
aufstehen	get up, stand up
aufwachen	wake up
auf Wiedersehen	goodbye!, bye!
Auge	eye
August	August
aus	from, out, (zu Ende) over
aussehen	look
Auto	car

B

Baby	baby
Bad	bath
Badeanzug	swimsuit (Am.), swimming costume (Brit.), bathing costume
Badehose	trunks
Badezimmer	bathroom
Bahnhof	station
bald	soon
Ball	ball
Banane	banana
Bank	(Sitz~) bench
Bär	bear
Basketball	basketball
Bauch	tummy
bauen	build
Bauer	farmer
Bauernhof	farm
Baum	tree
beantworten	answer
beenden	finish
beginnen	begin
bei	at
Bein	leg

bekommen	get
bemalen	paint
Berg	mountain
Besenstiel	broomstick
besuchen	visit
Bett	bed
bevor	before
bewölkt	cloudy
bezahlen	pay
Bild	picture
billig	cheap
Birne	pear
bitte	please, (nach „danke“) you’re welcome
Blase	bubble
blasen	blow
Blätter	leaves
Blattsalat	lettuce
blau	blue
Bleistift	pencil
Blume	flower
Blumenkohl	cauliflower
Bluse	blouse
Blüte	blossom
Bohne	bean
Bonbon	sweet
Boot	boat
braun	brown
Brief	letter
Briefträger	postman
bringen	bring
britisch	British
Brot	bread
Brötchen	roll
Brücke	bridge
Bruder	brother
Buch	book
Buchstabe	letter
Bulle	bull
Burg	castle
Büro	office
bürsten	brush
Bus	bus
Bushaltestelle	bus stop
Butter	butter
Butterbrot	sandwich

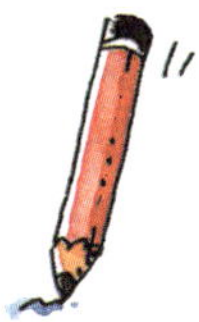

C

Campingplatz	campsite
Cent	cent
Cola	coke
Computer	computer
Cousin(e)	cousin

D

da	there
Dach	roof
danke	thank you, thanks
dann	then
das	the
dass	that
Datum	date
dein	your
der	the
deutsch	German
Deutschland	Germany

Glossar Deutsch-Englisch

Dezember	December
dick	fat
die	the
Dienstag	Tuesday
dies	this
diese	these
Ding	thing
Dollar	dollar
Donnerstag	Thursday
dort	there
Dose	tin
Drachen	(Fabeltier) dragon
Drachen	(Spielzeug) kite
draußen	outside
drei	three
dreißig	thirty
dreizehn	thirteen
du	you
dunkel	dark
dünn	thin
durch	through
durchstreichen	cross out
dürfen	may

E

Ei	egg
Eimer	bucket
ein	a, an
einige	some
Einkaufswagen	trolley
Einkaufszentrum	shopping centre
einladen	invite
eins	one
Eis	ice
Eisbär	polar bear
Eis(creme)	ice cream
Eisenbahn	train
Elefant	elephant
elf	eleven
Eltern	parents
England	England
englisch	English
Ente	duck
Entschuldigung	excuse me
Entschuldigung!	Sorry!
er	he
Erbse	pea
Erdbeere	strawberry
erste	first
erzählen	tell
es	it
Essen	dinner, (Nahrung) food
essen	eat
etwas	something
Euro	euro
Europa	Europe

F

Fähre	ferry
fahren	go, (mit dem Rad) ride
Fahrrad	bike, bicycle
fallen	fall
falsch	wrong
Familie	family
fangen	catch, (jagen) chase

Farbe	colour
Februar	February
Fee	fairy
Fenster	window
Ferien	holiday(s)

Fernsehen	television, TV
fett	fat
Feuerwehrwagen	fire-engine
Film	film
finden	find
Finger	finger
Fisch	fish
Fischstäbchen	fish finger
Flasche	bottle
Fleisch	meat
fliegen	fly
Flöte	flute
Flughafen	airport
Flugzeug	plane
Fluss	river
Flusspferd	hippo
Frage	question
fragen	ask
Frankreich	France
französisch	French
Frau	woman, (Anrede) Mrs
Freitag	Friday
fressen	eat

Freund	friend, (eines Mädchens) boyfriend
Freundin	friend, (eines Jungen) girlfriend
Frosch	frog
Frühling	spring
Frühstück	breakfast
fühlen	feel
füllen	fill
Füller	pen
fünf	five
fünfzehn	fifteen
fünfzig	fifty
Fuß	foot
Fußball	football
Fußboden	floor
Futter	food
füttern	feed

G

Gabel	fork
Gans	goose
Garage	garage
Garten	garden
Gast	guest
geben	give
Geburtstag	birthday
Geburtstagsfeier	birthday party
Geburtstagskuchen	birthday cake
gegenüber	opposite
gehen	go, walk
Gehweg	pavement (Brit.), sidewalk (Am.)

Geige	violin
gelb	yellow
Geld	money
Gemüse	vegetable(s)
geöffnet	open
geradeaus	straight
gern geschehen	you're welcome
Geschäft	shop
Geschenk	present
Geschichte	story
Geschirr	dishes
geschlossen	closed
Gesicht	face
Gespenst	ghost
Getränk	drink
gewinnen	win
Giraffe	giraffe
Gitarre	guitar
Glas	glass
glücklich	happy
Gras	grass
grau	grey
groß	great, big, tall
Großmutter	grandmother
Großvater	grandfather
grün	green
gucken	look, watch
Gummistiefel	wellingtons, wellies
Gurke	cucumber
Gürtel	belt
gut	good, fine, well
gute Nacht	good night
guten Morgen	good morning

H

Haar	hair
haben	have
Hafen	port
Hahn	cock
halb	half, (bei Uhrzeiten) half past
Hälfte	half
Hallo!	Hello!
Hals	neck
Hand	hand
Handschuhe	gloves
hassen	hate
Haus	house
Hausaufgaben	homework
Haustier	pet
Heft	exercise book
heiß	hot
helfen	help
hell	bright
Hemd	shirt
Henne	hen
Herbst	autumn (Brit.), fall (Am.)
hereinkommen	come in
Herr	Mr
Heu	hay
heute	today
Hexe	witch
hier	here
Hilfe	help
Himbeere	raspberry
Himmel	sky
hinsetzen	sit down
hinter	behind

hoch	high, up
Holz	wood
Honig	honey
Hose	trousers (Brit.), pants (Am.)
Huhn	chicken
Hund	dog
hundert	one hundred
Hut	hat

I

ich	I
ihr	her, their
immer	always
in	in, at

in … hinein	into
irgendein	any
irgendwelche	any
Italien	Italy
italienisch	Italian

J

ja	yes
jagen	chase
Jahr	year
Jahreszeit	season
Januar	January
jeder	every
jemand	somebody
jetzt	now
Juli	July
jung	young
Junge	boy
Juni	June

K

Kaffee	coffee
Kalb	calf
kalt	cold
Kamel	camel
Kanarienvogel	canary
Kaninchen	rabbit
Kappe	cap
kaputt	broken
Karfreitag	Good Friday
Karotte	carrot
Karten	(Spiel~) cards
Kartoffel	potato
Käse	cheese
Kasse	cash register, till
Katze	cat
kaufen	buy
Kaugummi	chewing gum
kein	no
Keks	biscuit (Brit.), cookie (Am.)
Keller	cellar
kennen	know
Kerze	candle
Kind	child
Kino	cinema
Kirche	church
Kirsche	cherry
Kiste	box

Glossar Deutsch-Englisch

Klassenraum	classroom
klatschen	clap
Klavier	piano
Kleid	dress
Kleidung	clothes
klein	little, small
klettern	climb
Knie	knee
kochen	cook
Koffer	suitcase
Kohl	cabbage
kommen	come
König	king
Königin	queen
können	can
Kopf	head
Korb	basket
Körper	body
krabbeln	crawl
krank	ill
Kranken-schwester	nurse
Krankenwagen	ambulance
Kreide	chalk
Kreisverkehr	roundabout
Kreuzung	crossroads

Krokodil	crocodile
Küche	kitchen
Kuchen	cake
Kuh	cow
Kühlschrank	fridge
Küken	chick
Kürbis	pumpk
kurz	short

L

lächeln	smile
lachen	laugh
Laden	shop
Lamm	lamb
Lampe	lamp
Land	country
lang	long
langsam	slow
lasst uns	let's
Lastwagen	lorry (Brit.), truck (Am.)
Lauch	leek
laufen	walk
laut	noisy
leben	live
leer	empty
legen	put
Lehrer(in)	teacher
leise	quiet
Leopard	leopard
lernen	learn
lesen	read
letzte	last
Leute	people
liebe(r)	dear
lieben	love
Lieblings-	favourite
Lied	song
Lineal	ruler
links	left
Lippen	lips
LKW	lorry (Brit.), truck (Am.)
Loch	hole

Löffel	spoon
Löwe	lion
Luftkissenboot	hovercraft
lustig	funny

M

machen	do, make
Mädchen	girl
Mai	May
malen	draw, paint
Malkasten	paintbox
Mama	mum (Brit.), mom (Am.)
manchmal	sometimes
Mann	man
Mantel	coat
Mäppchen	pencil-case
Märchen	fairy tale
Markt	market
Marktplatz	marketplace
Marmelade	jam
März	March
Maus	mouse
Meer	sea
Meeresküste	seaside
Meerschweinchen	guinea pig
mehr	more
mein	my
Melone	melon
Messer	knife
Milch	milk
Mineralwasser	mineral water
Minute	minute
mit	with, by
mitbringen	bring
mitnehmen	take
Mittagessen	lunch
Mittwoch	Wednesday
Möbel	furniture
mögen	like
Monat	month
Mond	moon
Montag	Monday
Morgen	morning
Motorrad	motorbike
müde	tired
Mund	mouth
Murmeln	marbles
müssen	must, have to
Mutter	mother
Mütze	hat

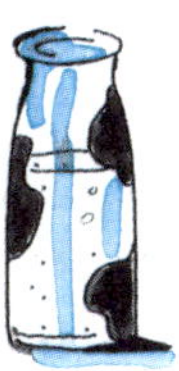

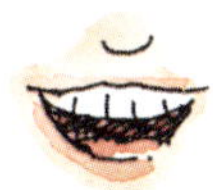

N

nach	(räumlich) to, (zeitlich) after
nach links	to the left
Nachmittag	afternoon
nach rechts	to the right
nächster	next
Nacht	night
nah	near
Nahrung	food
Name	name
Nase	nose
Nashorn	rhinoceros
nass	wet
Nebel	fog
nebelig	foggy
neben	beside, next to

A B C D E F G H I J K L M N O P Q R

nehmen	take
nein	no
nett	nice
neu	new
neun	nine
neunzig	ninety
nicht	not
niedrig	low
Nilpferd	hippo
noch ein	another
noch einmal	again
Norden	north
November	November
Nummer	number
nun	now

O

oben	above, up, (im Haus) upstairs
Obst	fruit
oder	or
öffnen	open
oft	often
ohne	without
Ohr	ear
Oktober	October
Oma	grandma
Onkel	uncle
Opa	grandad, grandpa
Orange	orange
Osterei	easter egg
Osterhase	easter bunny
Ostern	Easter

P

Päckchen, Paket	packet
Papa	dad, daddy
Papier	paper
Paprika	pepper
pfeifen	blow
Pferd	horse
Pfirsich	peach
Pflanze	plant
pflücken	pick
Pflug	plough
Pfund	pound
Pinguin	penguin
Pinsel	paintbrush
Po	bottom
Polizist	policeman
Pommes frites	chips
Portmonnee	purse
Postbote	postman
Puppe	doll
Puppenhaus	doll's house
Puppenwagen	doll's pram
purpurrot	purple
pusten	blow
putzen	(Zähne) brush
Puzzle	jigsaw

R

Rad fahren	ride a bike
Radiergummi	rubber
Radio	radio
Ratte	rat

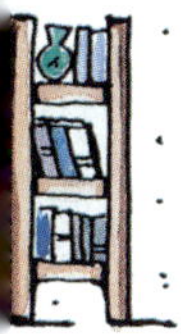

rechnen	count
rechts	right
Regal	bookcase
Regen	rain
Regenjacke, -mantel	raincoat
Regenschirm	umbrella
regnen	rain
regnerisch	rainy
reichen	pass
Reis	rice
reiten	ride
rennen	run
richtig	right
Rock	skirt
Roller	scooter
Rollschuhe	roller skates
Rollschuh laufen	roller-skate
rosa	pink
Rose	rose
rot	red
Rücken	back
rufen	shout
ruhig	quiet
rund	round
runter	down
Rutsche	slide
rutschen	slide

S

Saft	juice
sagen	say
Salat	salad
Salz	salt
Samstag	Saturday
Sand	sand
Sandalen	sandals
Sandburg	sandcastle
Satz	sentence
sauber	clean
sauer	sour
Schach	chess
Schachtel	box
Schaf	sheep
Schal	scarf
scharf	hot
schauen	look, watch
Schaufel	spade
Schaukel	swing
schaukeln	swing
Scheibe	(Brot~) slice
Schere	scissors
scheu	shy
Scheune	barn
schicken	send
schieben	push
Schiff	ship
Schinken	ham
Schirm	umbrella
Schlafanzug	pyjamas
schlafen	sleep
Schlafzimmer	bedroom
schlagen	hit
Schlange	snake
schlecht	bad
schließen	shut
Schlittschuhe	ice skates
Schlittschuhlaufen	ice skating
Schloss	(Gebäude) castle

Glossar Deutsch-Englisch

Schmetterling	butterfly
schmutzig	dirty
Schnee	snow
Schneeball	snowball
Schneemann	snowman
schneiden	cut
schneien	snow
schnell	fast
Schnorchel	snorkel
Schokolade	chocolate
schon	already
schön	nice, beautiful
Schrank	cupboard, (Kleider~) wardrobe
schreiben	write
Schreibtisch	desk
schreien	shout
schüchtern	shy
Schuhe	shoes
Schule	school
Schüler(in)	pupil
Schulhof	playground
Schulstunde	lesson
Schultasche	schoolbag
schwach	weak
schwarz	black
Schwein	pig
schwer	heavy
Schwester	sister
schwierig	hard, difficult
Schwimmbecken	swimming pool
schwimmen	swim
sechs	six
sechzig	sixty
See	lake
Segeln	sailing
sehen	see
sehr	very
sein	(Verb) be, (Fürwörter) his, its
Sekretär(in)	secretary
Sekunde	second
Semmel	roll
senden	send
September	September
Sessel	armchair
sie	she, they, them
Sie	you
sieben	seven
siebzig	seventy
singen	sing
sitzen	sit
Ski fahren	ski
so	so
Socke	sock
Sofa	sofa
Sohn	son
Sommer	summer
sondern	but
Sonne	sun
Sonnenbrille	sunglasses
sonnig	sunny
Sonntag	Sunday
Spanien	Spain
spanisch	Spanish
Speck	bacon
Spiel	game
spielen	play
Spielplatz	playground
Spielsachen	toys

Sport	sport
sprechen	speak, talk
springen	jump
Springseil	skipping rope
Stadt	town, (Großstadt) city
stark	strong
stehen	stand
stellen	put
Stern	star
Stift	pen
stolz	proud
Strand	beach
Straße	(Land) road, (Stadt) street
Strumpfhose	tights
Stück	piece
Stuhl	chair
Stunde	hour
Stundenplan	timetable
suchen	look for
Süden	south
Supermarkt	supermarket
süß	sweet
Süßigkeiten	sweets

T

Tafel	(Schul~) (black)board, (Schokolade) bar
Tag	day
Tante	aunt
tanzen	dance
Tasche	bag
Tasse	cup
Taucherbrille	(face) mask
Taxi	taxi
Teddybär	teddy bear
Tee	tea
Teil	part
Telefon	phone, telephone
Telefon-nummer	phone number
Telefonzelle	telephone box
Teller	plate
Tier	animal
Tiger	tiger
Tisch	table
Tischtennis	table-tennis
Toast	toast
Tochter	daughter
Toilette	toilet
toll	great
Tomate	tomato
tragen	carry, (Kleidung) wear
Traktor	tractor
träumen	dream
traurig	sad
treffen	hit
Treppe	stairs
trinken	drink
trocken	dry
Truthahn	turkey
tschüss!	bye!, bye-bye!
tun	do
Tür	door

Turnschuhe	trainers
Tüte	bag

U

U-Bahn	underground (Brit.), subway (Am.)
übel	sick
über	about, (räumlich) above
überrascht	surprised
Uhr	clock
umdrehen, sich	turn round
um ... herum	around
und	and
unser	our
unten	down, (im Haus) downstairs
unter	under
Unterhemd	vest
Unterhose	briefs
Urlaub	holiday

V

Vater	father
verkaufen	sell
Verkäufer(in)	shop assistant
Verkehr	traffic
Verkehrsschild	traffic sign
verkleiden, sich	dress up
verschieden	different
Verstecken	(Spiel) hide-and-seek
verstecken	hide
viel	much
viele	a lot of, many
vier	four
vierzehn	fourteen
Viertel	quarter
vierzig	forty
Vogel	bird
voll	full
von	from, of, by
von ... nach	from ... to
von ... runter	off
vor	(zeitlich) before, (räumlich) in front of
vorbei	over

W

Wand	wall
wann	when
warm	warm
warten	wait
warum	why
was	what
waschen	wash
Wasser	water
Wecker	alarm clock
weg	away
Weg	way
weh tun	hurt
weich	soft
Weihnachten	Christmas
Weihnachtsbaum	Christmas tree
weil	because

weinen	cry
weiß	white
weit	far
weitermachen	go on
welche	which
wenn	when, if
wer	who
werden	get, become, will, turn
werfen	throw
Wetter	weather
wie	how
wieder	again
wiederholen	repeat
wie geht's?	how are you?
wie viel	how much
wie viele	how many
Wind	wind
windig	windy
Winter	winter
wir	we
wissen	know
wo	where
Woche	week
Wochenende	weekend
wohnen	live
Wohnung	flat
Wohnwagen	caravan
Wohnzimmer	living room
Wolke	cloud
wollen	want to
Wort	word
wünschen	wish
Würfel (Mehrzahl)	dice
Wurst	sausage
wütend	angry

Z

Zahl	number
zählen	count
Zahn	tooth
Zahnpasta	toothpaste
Zauberer	wizard
Zaun	fence
Zebra	zebra
Zeh	toe
zehn	ten
zeichnen	draw
zeigen	show
Zeitung	newspaper
Zelt	tent
Ziege	goat
ziehen	pull
Zimmer	room
Zirkus	circus
Zitrone	lemon
Zoo	zoo
zu	(räumlich) to, (geschlossen) closed, (allzu) too
Zucker	sugar
Zug	train
zu Hause	at home
zuhören	listen
zumachen	close, shut
zurück	back
zusammen	together
zwanzig	twenty
zwei	two
Zwiebel	onion
zwischen	between
zwölf	twelve

Übungen

Übungen

1. Suche die folgenden Wörter in deinem Wörterbuch, und schreibe auf, welches Wort davor und welches danach kommt.

Beispiel: *away* ______ b a b y ______ *back*

______ d o g ______

______ f a t h e r ______

______ g l o v e s ______

______ r u b b e r ______

______ t r o l l e y ______

2. Suche zu jedem dieser Buchstaben ein Wort heraus, das du besonders schön oder lustig findest.

a ______ *b* ______

d ______ *f* ______

m ______ *p* ______

s ______ *t* ______

3. Suche zu jedem Bild das englische Wort. Das Glossar Deutsch-Englisch auf den Seiten 150–163 kann dir helfen.

   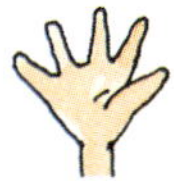 

FARAD Mond Fisch Hand RAdiRgumi

4. Suche in deinem Wörterbuch 6 Wörter, die mit „th“ beginnen. Welcher Buchstabe steht oft im Deutschen dafür?

a) ____________ b) ____________

c) ____________ d) ____________

e) ____________ f) ____________

5. Bilde zusammen mit einem Mitschüler oder deinen Eltern eine Wörterkette. Du suchst dir ein Wort aus deinem Wörterbuch aus. Dein Partner sucht ein neues Wort, das mit dem letzten Buchstaben deines Wortes beginnt.

Beispiel: airport – toe – elephant – tennis

BeBi-kH-Hand- Du-Uban-Nacht-

Gespenst-

6. Bring die Wörter auf den Luftballons in die richtige alphabetische Reihenfolge.

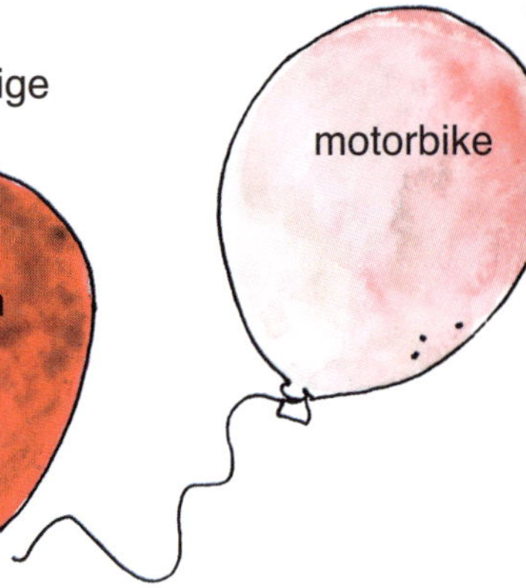

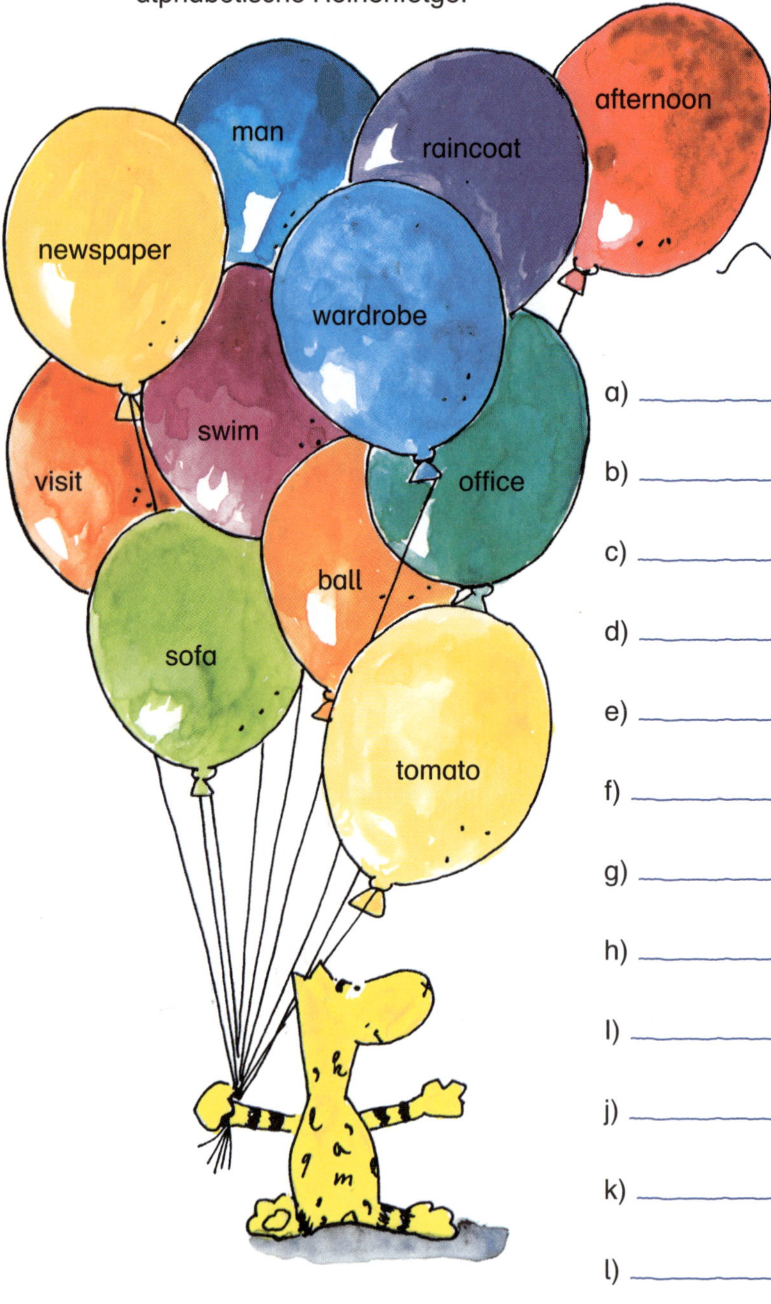

a) ______________________

b) ______________________

c) ______________________

d) ______________________

e) ______________________

f) ______________________

g) ______________________

h) ______________________

i) ______________________

j) ______________________

k) ______________________

l) ______________________

7. Kannst du die Körperteile benennen?
Wenn du Hilfe brauchst, schau auf den Seiten 14/15 nach.

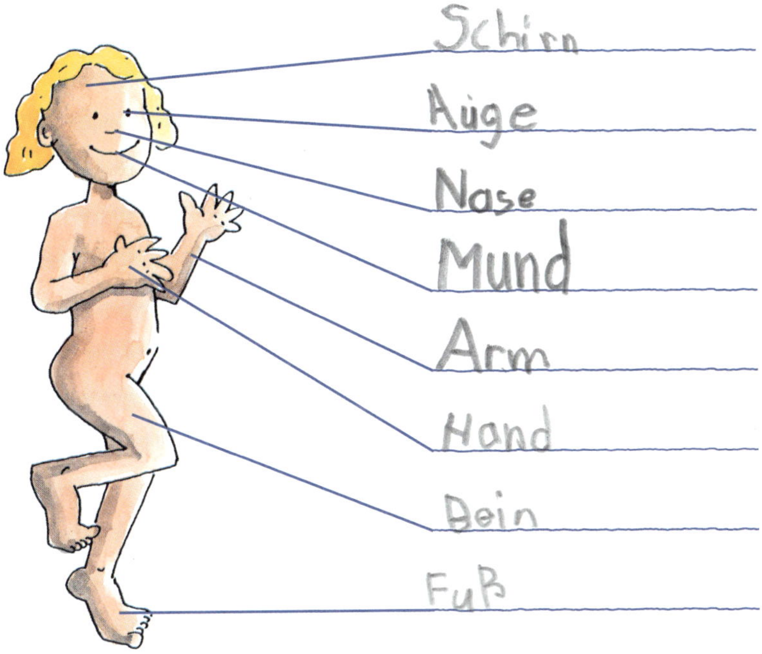

8. Welches Wort passt nicht zu den anderen? Unterstreiche das Wort, das nicht passt. Benutze dein Wörterbuch, wenn du die Bedeutung der Wörter nicht weißt.

a) tiger, zebra, giraffe, dog, hippo

b) spoon, pen, pencil, paintbrush, schoolbag

c) chair, sofa, violin, table, armchair

d) apple, milk, banana, pear, cherry

e) car, lorry, marketplace, taxi, ambulance

9. Deine englische Brieffreundin hat Geburtstag. Was schreibst du auf die Geburtstagskarte? Schau im Kasten unter „Birthday" nach.

10. Wann bekommen englische Kinder ihre Weihnachtsgeschenke? Suche den Kasten zum Thema „Christmas" und kreuze die richtige Antwort an.

☐ Heiligabend (24. Dezember)

☐ Zweiter Weihnachtstag (26. Dezember)

☐ Erster Weihnachtstag (25. Dezember)

☐ Silvester (31. Dezember)

11. Rechne die folgenden Aufgaben aus und schreibe das Ergebnis als Zahl und als Wort auf Englisch hin. Bei Problemen kannst du in dem Kasten „Numbers" nachschauen.

a) 1 + 6 = 7 In Worten: ____________

b) 12 – 3 = 9 In Worten: ____________

c) 3 + 11 = 14 In Worten: ____________

d) 33 – 8 = 25 In Worten: ____________

e) 28 – 7 = 21 In Worten: ____________

f) 7 x 6 = 42 In Worten: ____________

12. Auf der Speisekarte in einem Restaurant sind die Speisen und Getränke durcheinandergeraten. Kannst du Ordnung in das Durcheinander bringen? Schreibe die Speisekarte neu.

ice cream
•
milk
•
rice
•
potatoes
•
tea
•
peas
•
coffee
•
fish
•
chicken
•
mineral water
•
juice
•
coke
•
ham
•
chips

Food

Drinks

13. Was kommt in den Koffer für den Sommerurlaub und was in den Koffer für den Winterurlaub? Verbinde zunächst die Kleidungsstücke mit dem richtigen Koffer. Mach dann eine Liste für den Winter und eine für den Sommer.

winter:

pullover

summer:

shorts

14. Nächste Woche hast du viel vor! In deinen Wochenkalender trägst du links die Wochentage ein und rechts das, was du tun willst. Schau dir dazu die Kästen zu den Wochentagen (Days of the Week), Hobbys (Hobbies), Ballspielen (Ball Games) und Sportarten (Sports) an.

15. Finde die Gegensätze zu den folgenden Wörtern. Setze das richtige Wort ein. Auf den Seiten 44/45 findest du Hilfe.

a) I am young. My grandpa is ____________________.

b) Sugar is sweet. Lemons are ____________________.

c) I am short. My brother is ____________________.

d) Our car is old. Your car is ____________________.

e) My hands are clean. My sisters hands are ____________________.

Übung 1: do – dog – doll; fat – father – favourite; glass – gloves – go; roundabout – rubber – ruler; tree – trolley – trousers

Übung 2: Lösung offen

Übung 3: bike, moon, fish, hand, rubber

Übung 4: z.B. there, these, thin, thing, this, through.
Im Deutschen steht für „th“ oft ein „d“.

Übung 5: Lösung offen

Übung 6: a) afternoon, b) ball, c) man, d) motorbike, e) newspaper, f) office, g) raincoat, h) sofa, I) swim, j) tomato, k) visit, l) wardrobe

Übung 7:

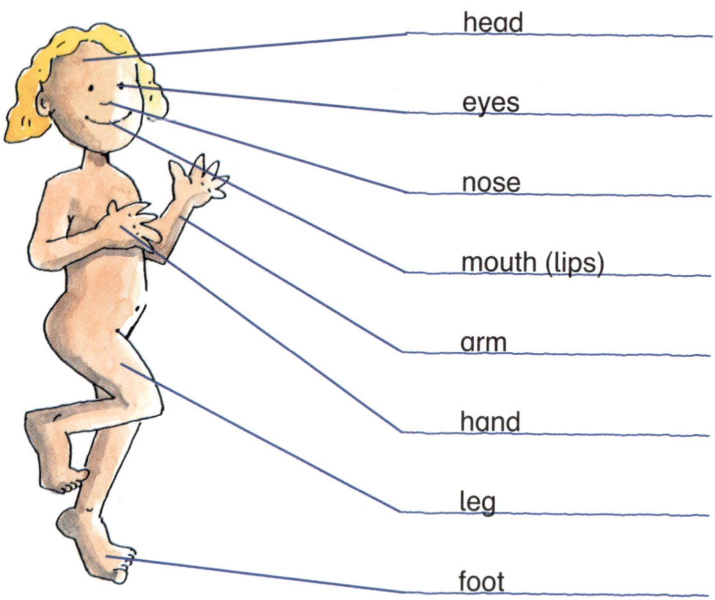

Übung 8: a) dog, b) spoon, c) violin, d) milk, e) marketplace

Übung 9: Happy birthday!

Übung 10: Erster Weihnachtstag (25. Dezember)

Übung 11: a) 7, seven, b) 9, nine, c) 14, fourteen,
d) 25, twenty-five,
e) 21, twenty-one, f) 42, forty-two

Übung 12: Food: ice cream, rice, potatoes, peas, fish, chicken, ham, chips
Drinks: milk, tea, coffee, mineral water, juice, coke

Übung 13: Im Koffer für den Sommerurlaub:
bathing costume (swimming costume, swim suit), T-shirt, sandals, shorts, dress, mask
Im Koffer für den Winterurlaub:
gloves, wellies (wellingtons), tights, pullover, anorak, scarf

Übung 14: Lösung teilweise offen
Monday swimming; Tuesday z.B. surfing; Wednesday z.B. hockey; Thursday z.B. playing the piano; Friday z.B. football; Saturday z.B. ice-skating; Sunday z.B. basketball

Übung 15: a) old, b) sour, c) tall, d) new, e) dirty

Grundschulwörterbuch Deutsch

Das WAHRIG Grundschulwörterbuch Deutsch ist das ideale Einstiegswörterbuch für Kinder im Grundschulalter. Es unterstützt die Rechtschreibung und gibt Anregungen für einen variationsreichen Sprach- und Schreibgebrauch. Lernspiele, Übungen und farbige Hilfen erleichtern das Erlernen der Wortarten und das alphabetische Nachschlagen. Der kleine Lexikopard Papiti hilft dabei, sich im Buch zurechtzufinden.

WAHRIG Grundschulwörterbuch
224 Seiten
ISBN 978-3-577-10092-2
€ 9,95 [D]

Bertelsmann!
WAHRIG

www.wahrig.de